走出迷宫
认识发展性阅读障碍

孟祥芝 / 编著

DEVELOPMENTAL
DYSLEXIA

图书在版编目(CIP)数据

走出迷宫：认识发展性阅读障碍/孟祥芝编著. —北京：北京大学出版社，2018.7

ISBN 978-7-301-29522-9

Ⅰ. ①走… Ⅱ. ①孟… Ⅲ. ①汉语—阅读教学—学习障碍—认知心理学—研究 Ⅳ. ①H193.7②G442

中国版本图书馆CIP数据核字（2018）第094471号

书　　名	走出迷宫：认识发展性阅读障碍 ZOUCHU MIGONG: RENSHI FAZHANXING YUEDU ZHANG'AI
著作责任者	孟祥芝　编著
责任编辑	赵晴雪
标准书号	ISBN 978-7-301-29522-9
出版发行	北京大学出版社
地　　址	北京市海淀区成府路205号　100871
网　　址	http://www.pup.cn　新浪微博：@北京大学出版社
电子信箱	zpup@pup.cn
电　　话	邮购部 62752015　发行部 62750672　编辑部 62752021
印刷者	涿州市星河印刷有限公司
经销者	新华书店
	880毫米×1230毫米　A5　7印张　112千字 2018年7月第1版　2024年11月第5次印刷
定　　价	28.00元

未经许可，不得以任何方式复制或抄袭本书之部分或全部内容。
版权所有，侵权必究
举报电话：010-62752344　电子信箱：fd@pup.pku.edu.cn
图书如有印装质量问题，请与出版部联系，电话：010-62756370

序

阅读是人类文化传承的重要纽带和工具，也是个体发展的重要内容和途径。然而，世界范围内约有5%～17%的个体存在发展性阅读障碍（Developmental Dyslexia）问题，他们具有正常的智力、动机和基本教育条件，且没有明显的大脑器质性损伤，但其阅读的流畅性和准确性却显著落后于同龄人。阅读障碍研究在世界范围内已有一百多年的历史。由于汉语书写系统（汉字）的表意与表音的独特性，其认知与学习过程具有不同于拼音文字的表现，中文（汉语）阅读障碍也具有其特异性。

孟祥芝博士是较早关注阅读障碍问题的中国学者之一。在北京师范大学完成博士论文后，她一直坚持开展阅读障碍的研究，取得了丰硕的成果。她早期的研究以汉语字词认知过程为依据，探讨阅读障碍儿童与典型发展儿童在阅读理解过程中的异同，描述汉语阅读障碍儿童形、音、义表征和加工特点。近年来，她利用脑电、磁共振成像等现代认知神经科学研究手段，观察汉语儿童在出现母语（中文）或外语（英文）阅读困难时大脑是如何活动的，探索中文阅读障碍的脑神经机制，一些训练、矫正手段如何改变大脑的活动模式，从而提高儿童的阅读成绩。

阅读障碍是心理学与认知神经科学的重要研究课题之一。对它的研究不仅有利于我们认识阅读障碍的产生机制，为阅读障碍的矫治和干预奠定基础，也有助于我们认识大脑的发育过程及其与人类认知发展的关系。随着脑科学的发展，越来越多的学者投入到汉语儿童阅读障碍的研究行列，研究成果的质量也不断提升。在此背景下，我很高兴看到孟祥芝博士结合自己的研究经验和国内外阅读障碍研究的进展，写成这本科普著作。本书介绍了阅读障碍的基本概念、由来和表现，提出了诸多有关阅读障碍诊断、干预的观点和设想，是孟祥芝博士将学术研究与实践需求相结合的一次有益尝试。我热诚推荐这本著作。

周晓林

教育部长江学者特聘教授

2018 年 2 月 26 日

写给关注阅读障碍的你

1997年9月，我师从北京师范大学舒华教授，进入她的认知实验室攻读博士学位，自此开启了阅读障碍研究之旅；2000年，我完成了国内第一篇关于汉语儿童阅读障碍的博士论文，至今已近20年。在这期间，国内外关于中英文阅读障碍的学术研究取得了很大的进展，也有越来越多国家和地区的教育部门开始对阅读障碍问题进行积极关注和干预，譬如英国、美国、新加坡等国及中国香港特区。

2001年，我在北京大学尝试开设"发展性阅读障碍的理论和实践"课程，自编了课程讲义。2005年至2006年，我在哈佛大学心理学系学习期间，应张厚粲教授和徐建平教授的邀请，参与翻译加拿大著名教育心理学家达斯教授的《阅读障碍与阅读困难：给教师的解释》一书，并撰写了两章关于中文阅读发展和阅读障碍的内容。这些年的工作连同我的博士研究论文构成了本书的基本框架和内容。

促使我写这样一本科普书的关键动因还来自于实践需求。我的合作者,香港理工大学的黎程正家博士从1999年开始做阅读障碍儿童的干预工作,自2005年起获得香港教育统筹局从立项到运转的全面支持,开展针对全港中小学中、英文教师的阅读障碍培训工作,至今已有近20年的一线应用经验。每期课程黎程正家博士都会请我去讲中文阅读障碍的研究,我也对汉语阅读障碍的实践应用有了亲身感受。黎教授的儿童读写营、家长公开讲座,以及教师培训工作对我有很大的触动。2012年至2013年,我作为"中美富布赖特研究学者项目"高级研究学者在美国范德堡大学人类发展与教育学院特殊教育系开展阅读障碍合作研究的时候,又进一步感受到了研究和干预紧密结合的学以致用氛围。2013年回国之后,我开始利用部分时间尝试把相关研究"搬下"书架,期望让广大家长和老师能够比较通俗、系统地了解阅读障碍到底是怎么一回事。

本书分为理论篇和应用篇。理论篇讲述了阅读障碍的生理基础和相关认知问题,希望通过这样的介绍让大家了解目前学术界对阅读障碍的基本认识。由于阅读障碍的复杂性和阅读障碍者的个体差异,迄今为止,学术界并没有发现能够完全解释阅读障碍产生原因的单一基因、单一脑网络和单一认知机制。本书理论篇概括了该领域的经典理论框架和最新研究成果，这些都是不同研究反复报告的与阅读发展和阅读障碍有关的因素。应用篇重点介绍了阅读障碍的主要应对步骤，从评估诊断到干预策略都进行了详细的说明。这里介绍的干预策略不仅适用于阅读障碍者提升阅读技能，也可作为阅读初学者学习汉字和阅读的参考。

我希望通过这本书传递以下四点关于阅读障碍的认知观和心理观，以帮助读者形成对阅读障碍的正确认识和把握，促进科学合理的积极干预工作。

阅读障碍是一种隐形的障碍。阅读障碍是有一定遗传和神经生理基础的书面语言信息处理问题。阅读障碍者智力正常，有的甚至异常聪明，他们在处理文字信息上的困难，常常被忽视和误解。

阅读障碍可以通过适当的干预得到改善。基于大脑的可塑性，通过适宜的干预，阅读障碍可以得到改善。有两点需要强调：第一，干预需要尽早开展。随着年级的升高，汉字学习和阅读问题将逐渐累积起来，可能会越来越严重。第二，干预方法要有个体针对性。建议根据每个人的问题设置干预内容、干预时程。对知识性内容的干预可以使用纸笔练习，对于以提升认知加工敏锐能力为目标的干预需要使用计算机辅助教学方式，利用阶梯法程序设计，自动根据每个人的反应情况调整任务难度，保证适当的挑战性。

中文阅读障碍干预需要突出汉字表意文字特性。中文是基于象形文字建立起来的表意文字系统。尽管历经文字演变，绝大部分汉字字形早已失去原来的样貌，但是汉字的基本构字部件在不同汉字中的写法及其所表达的义类是基本恒定的，承载和传达了造字之初的本义。因此，汉字学习和干预应该突出汉字字形表意的特点。为了熟悉汉字的形状和结构特征，我在这本书中提出了"分解-组合-操作"汉字学习法，倡导通过学习者自己动手操作分解、组合汉字，强化字形和正字法意识。另外，汉字除了象形字、指事字和会意字之外，还有大量的形声字。到了小学中高年级，可以利用形声字形旁表意、声旁表音的线索加速汉字的学习和记忆。

阅读障碍者也具有某些优势能力。阅读障碍者在阅读上的困难并不意味着他们在学习和生活的所有方面都有问题。他们的动手操作能力、形象思维能力、创造力和想象力并不比同龄人差。很多阅读障碍者可以通过合适的干预、良好的支持环境，以及其他方面能力的弥补考上大学，甚至在某些方面取得卓越的成就。

　　桃李不言，下自成蹊。在本书付梓之时，首先要感谢我的授业恩师舒华教授。1997年我有幸进入舒老师的实验室追寻进学求思的梦想，舒老师的指导和鼓励使我在阅读障碍领域耕耘不辍。当我怀揣无限好奇开始博士学习的时候，在大大小小的学术会议上经常看到一位提问新颖独到的年轻学者，后来才知道这就是从英国剑桥学成归国的周晓林教授。得益于两位导师的学术合作，及至博士毕业到北大工作之后，依然不断得到周老师的科研指导和帮助，在此向周老师表达最诚挚的谢意。我还要特别感谢香港理工大学的黎程正家博士，黎博士能够敏锐快捷地将科学研究发现应用于阅读障碍干预实践的能力给我留下了深刻的印象。她指导的"香港理工大学宏利儿童学习潜能发展中心"开展了近20年的儿童读写营、家长公开讲座和教师培训工作。2008年，她更是积极促成了"北京大学-香港理工大学儿童发展与学习研究中心"的成立，使得我们可以在北大更好地开展儿童读写研究和干预工作。

　　本书在出版过程中得到了北京市科学技术协会科普创

作出版资金资助。北京大学出版社陈小红、赵晴雪两位女士为本书的顺利出版付出了极大的努力。赵晴雪女士对本书的谋篇布局、专业技术和文字层面严格把关。本书第二章的"耳聪目明""能说会道""手脚灵活"三节内容分别由我的研究生赵星楠、张驰和张曼莉撰写。在此一并致谢。

  这本小书是对 20 多年来参与我们研究的儿童和家长的一份回报，也是对我们研究的一个小结。随着认知神经科学研究技术的进步，本书中某些研究结果和结论将会不断得到完善和更新。书中不当之处，请读者不吝赐教。

孟祥芝
2018 年春，于北京大学哲学楼

目 录
contents

理 论 篇

第一章　透过迷雾：关于阅读障碍的三种基本认识　　3
　　观察：阅读障碍现象由来已久　　12
　　理解：阅读障碍的生理因素　　38
　　关注：另一种形式的特殊教育　　50
第二章　回头看看：奠定读写基础的四种早期能力　　61
　　耳聪目明：奠定感知觉基础　　64
　　能说会道：口语发展的重要性　　74
　　手脚灵活：早期动作技能训练　　81
　　聚精会神：养成专注品质　　86

应 用 篇

第三章　如何是好：走出阅读障碍迷宫五部曲　　99
　　测试：剖析阅读技能和认知特点　　99
　　投入：家长动员起来　　122
　　沟通：学校的作用不可估量　　126
　　改变：专业机构的帮助　　130
　　追求：展现你的潜能　　131

第四章　从头开始：重塑读写技能六面观　　136
　　放眼全球：五花八门的干预方法　　136
　　咿呀学语：扩大词汇量　　146
　　追根溯源：了解汉字的结构　　154
　　一目十行：提升阅读流畅性　　173
　　按图索骥：掌握阅读理解策略　　186
　　游刃有余：实现自由表达　　204

理论篇

第一章

透过迷雾

关于阅读障碍的三种基本认识

　　这些孩子怎么了？在操场上，他们静静地躲在一角；在教室里，他们常常处在老师的视线之外；回到家，面对作业，他们感到无从下手——这是一个特殊的儿童群体，他们深陷于"读写迷宫"中，阅读障碍带走了他们童年的欢乐。

　　笼统地看，受阅读障碍困扰的孩子通常表现为阅读和书写速度慢、识字很少、缺乏阅读兴趣、注意力难以集中等。但如果我们能够耐心地去观察了解、辨别，就会发现，这些表面看上去类似的现象背后往往隐藏着不同的故事。

"今天学过的字,明天就忘了。"

在我接触过的阅读障碍儿童中,最常见的表现就是提笔忘字、错字连篇。这些孩子最大的特点就是没有脱离"图画式"学习方法,把字当作一幅图来学,而不是一个有意义的文字。他们机械地记忆每个字的写法、读音和意思,甚至还会把字的形状、读音和意思分离开,写字时常常看一眼写一笔。

冉冉就是这样,她似乎缺少理解汉字结构、含义的意识。更不知道汉字结构中声旁和形旁与这个字的读音、意义有什么联系。比如,对她来说,一个字中的"心"字底与另外一个字中的"心"字底没有任何联系。冉冉妈妈告诉我:"每次听写生字时,如果按照生字表的顺序听写,冉冉基本上都能写出来,可一旦从其中抽出某个字单独问她,她就完全懵了。"

这类孩子往往有很好的记忆力,智力水平也不低。他们的主要问题是,文字结构意识、语音意识的自主发展能力受阻,对汉字的结构与意义之间的联系缺乏认知,纯粹依靠机械记忆学习。因此,除了重点培养他们对汉字结构和语音的意识,还要帮助他们发展学习文字的策略和技巧的能力。

"我孩子从小走路就跌跌撞撞的。"

萧萧是个聪明的孩子,可是已经上五年级了,还是不能流利地写字,而且写的字越来越难辨认。他每天都要花费大量的时间写作业,在别人眼里,他的作业好像怎么写都写不完。由于写字慢,考试时萧萧经常无法在规定时间内答完卷子,而且他写的汉字、数字都挤在一起,老师看不清楚,所以几乎每次考试成绩都不理想。其实,萧萧的智商处在中上水平,阅读和听力理解都不错。但是每次的考试成绩都不能如愿,真是冤枉!

家里人说,萧萧从小就走路不稳,动作很不协调。上学后,写字慢的特点一下子就显露出来了。常常因为写字难看,受到同学嘲笑。渐渐地,萧萧变得越来越害怕体育活动、害怕写字,还害怕与同伴交往。

这类孩子的读写问题不是出在对文字本身的认识和理解上,而是出在读写行为需要的感知、动作等其他基本技能上。有的孩子在视觉信息处理方面存在问题,有的孩子听觉分辨发展落后,还有的是动作技能发展落后,这些都会对孩子的读写发展造成影响。感知、动作等基本技能的发展问题,是孩子自己无法把控的,而他们的表现却常常被说成"笨""懒惰""拖拖拉拉",实在是不公平。如果现在学校有适合这类孩子能力发展状况的考核方法,比如"口试",萧萧一定会是一个开心的、有成就感的孩子!

"这孩子总是不用心。"

初次接触，池池就给我留下了深刻的印象，我很喜欢他。这个四年级的男孩不但长得漂亮，而且还给人一种很乖、很温顺、很有灵气的感觉。可池池家长却说："他在学习方面实在是让人头疼。写作业拖拖拉拉，字也认不了多少个，尤其是写作文，一个题目他只能写出一两句话。最大的问题就是干什么事都不用心，似乎没有什么东西能让他保持专注，最多也就十分钟。就连玩游戏都不会上瘾，没有一次坚持到底。"

如果我们仔细考查这类孩子的口头理解能力、智力水平、听觉、视觉和动作，会发现都没有什么问题。他们最突出的特点就是缺乏专注力，这种能力需要从小培养。我们常常能看到年龄很小的孩子坐在地上来来回回地玩一个玩具，这就是一种专注。对于像池池这样的孩子，改变的关键是培养良好的注意力和自制力。一旦这种"不用心"的状态得到改善，他们的学习成绩自然会直线上升。

"这孩子脑子里的词都搅在一起了。"

十几年过去了,沉沉时常不经意地出现在我的脑海里。我经常想,沉沉现在怎么样了?希望他不再有当初的烦恼。当年让他读"牺"字,他正确地读出"xī"。看起来没有问题,但是当你让他组个词出来,他组的词却是"夕阳",而当你再追问他"夕阳"是什么意思时,他会说"海边的太阳"。正因为如此,他的语文成绩变得越来越差,到四年级时,听写考试只得了1分,作文也只得了1分。语文就是他的噩梦。

沉沉在智力测试中得了135分,属于智力超常的孩子。他动作协调,动手能力强。但是语文学习这件事却像海啸一样淹没了他本应有的快乐的童年。由于汉字有很多同音字,这些同音字不仅意思和写法不同,在日常生活中使用的频率也不一样。在沉沉的头脑里,这些同音字之间并没有确切的界限,也没有建立明确的形-音-义联系。当他听到一个音的时候,最熟悉的那个词马上跳了出来,至于确切的写法和意思,他可就分辨不清了。再加上他对书面语的积累少,听到一个词,不能判断这个词的意思是什么,因此时常出现哈利·波特那种本要去"翻倒巷"却去了"对角巷"的情况。打个比方,假如我们能用显微镜近距离地观察沉沉头脑中的字、词,及其音、形、义,就会发现,它们好像是缠乱了的毛线球,怎么都理不出那个线头。

第一章 透过迷雾

这四个孩子尽管行为表现各异,但仔细观察,他们的问题主要集中或者最终表现在汉字阅读上。阅读障碍是发展心理学的研究领域之一。在变态心理学领域,阅读障碍属于儿童心理障碍的一种,在《精神障碍诊断与统计手册(第五版)》(DSM-5)中被定义为特定学习障碍的替代术语,是指一种学习困难的模式,以难以精确或流利地认字、不良的解码或理解以及不良的拼写能力为主要特征。研究发现,在学龄儿童中,阅读障碍的发生率为 5%~15%,学习障碍儿童中至少有 85%~90%的儿童有阅读方面的问题。这些儿童智力正常,大脑和视觉、听觉系统没有器质性病变,在正常的教育环境和条件下,阅读成绩显著落后。这种现象是由于儿童在发育、发展过程中出现了问题,所以也被称为发展性阅读障碍。近 20 年来,我国学者对汉语儿童阅读障碍的发生率、表现、认知特点、早期鉴别及其神经机制等进行了一系列研究,为汉语儿童阅读障碍的鉴别、预防和干预带来了曙光。

观察:阅读障碍现象由来已久

阅读障碍研究的简要历史

发展性阅读障碍的首例报道迄今已有 100 多年的历

史。1896年Pringle-Morgan博士在《英国医学杂志》上报告了第一例发展性阅读障碍——14岁的Percy。在学校学习了7年，Percy依然不能拼写和阅读，比如他常把自己的名字拼成"Precy"。其他的拼写错误如，song—"scone"；subject—"soojock"；seashore—"seasow"。他认识"and""the""of"，至于其他词，不管遇见过多少次，他似乎永远都记不住。Percy就读的学校的校长说，如果学校教育是完全口语化的，那么Percy会是一个非常聪明的学生。Pringle-Morgan博士把这种表现看成是视觉方面出现了问题，他认为Percy是先天性的"字词盲"。在此后的许多年中，"视觉信息处理缺陷"成为阅读障碍领域的主导观点。儿童在阅读和拼写中出现形状相似字母的混淆现象（比如b与d混淆，p与q混淆），或者字母在单词中的位置移动（如，was—"saw", tomorrow—"tworrom"），都被看成是视觉问题。例如，当时的研究者观察到的儿童在阅读和拼写中常出现的典型视觉错误有，warm—"wram", night—"inght", girl—"gril", the—"teh", eight—"ieght", john—"jhon", orphan—"rophan", teeth—"theet"。直到1937年，Samual Orton的著作 *Reading, Writing and Speech Problems in Children* 出版后，人们才逐渐认识到语言因素在儿童阅读障碍中的重要性。

目前，学术界普遍认为英语阅读障碍的核心问题是语音障碍。"语音"指言语声音（speech sound），即人类说话的声音。它是人类的发声器官发出来的，具有一定意义、能起到社会交际作用的声音。主张语音障碍的研究者认为，阅读障碍在本质上不是视觉缺陷导致的，而主要是语言学意义上的异常。20 世纪 80 年代，阅读障碍研究最主要的成就是确立了"语音障碍"在英语阅读障碍中的核心因素地位。于是，围绕语音障碍这一关键词，众多研究者开展了大规模的科研和训练项目。

在这一时期，推动该领域研究热点从视觉观念向语言学观念转变的是 Isabelle Liberman。1971 年，她在 *Cortex* 杂志上发表了文章 Letter confusions and reversals of sequence in the beginning reader: implications for Orton's theory of developmental dyslexia（初学阅读者的字母混淆和顺序颠倒问题）。在这个研究中，她向人们揭示了儿童在阅读过程中出现的、可以归为视觉问题的顺序颠倒和方向颠倒的错误比例分别为 10%和 15%；相较而言，语言学意义上的辅音错误和元音错误的比例要高得多，分别为 32%和 43%。

Liberman 的研究结果告诉人们，儿童在读写过程中产生的各种阅读错误，大部分不能简单地解释为视觉出错，由此研究者开始尝试从语言学角度构建理论。如"b""p"的混淆可能更多的是由于发音的相似性，而不是视觉相似性；"d""b"的混淆可能是由于发音相近——都是浊音。"顺序倒位"也可以从语音方面给出解释：如果儿童不知道"ai"组合的发音与"ia"的发音不同，他们会把"brain"写成"brian"就不奇怪了。自此之后，研究者陆续发现阅读障碍者在涉及语音信息处理的所有层面都存在问题，这些研究根本性地改变了英语国家阅读教学的方法，教学方式从原来的"look-and-say"的整词教学法转变为多感官语音教学方法。

心理语言学（psycholinguistics）研究表明，语言文字的结构会影响阅读。在发展性阅读障碍研究开展的早期，有人据此推论，作为与拼音文字系统不同的表意文字系统，中文语境下的阅读障碍发生率肯定不一样。郭为藩（1978）通过教师访谈和问卷的方式调查了阅读障碍在中国台湾地区的发生率，结果发现阅读障碍的发生率约为2.91%。早期的调查结果似乎表明，在表意文字系统中，阅读障碍的发生率极低。直到1982年，Stevenson的跨语言研究结果发表以后，人们对阅读障碍与语言文字之间的关系才有了新的认识，不再想当然地认为表意文字中不存在阅读障碍。

Stevenson 使用标准化的阅读测验和 10 个认知测验分别在中国、日本和美国三个国家的五年级学生中进行了大规模的调查研究。在这个研究中，阅读障碍被定义为，阅读测验分数低于 90%的同龄儿童,且 10 个认知测验的平均分数比所有儿童的平均分数低至少一个标准差。结果显示，三个国家的阅读障碍发生率分别是 7.5%、5.4%和 6.3%。可见阅读障碍的发生率在三地并无显著差异。1995 年，香港理工大学儿童发展学习中心发现第一例阅读障碍个案，该儿童为小学六年级学生，智商高达 140 分，但是在阅读和书写方面却存在严重困难。这些研究发现对"汉字不表音，不会产生阅读障碍"的观点提出了挑战。张承芬等人（1996）采用自编阅读测验在山东进行了调查，她们估计，在中国，儿童阅读障碍的发生率约为 4.55%～7.96%。

汉语普通话儿童阅读障碍的表现*

为了了解汉语普通话儿童在阅读中经常出现的问题，我们根据汉语阅读过程编制了关于汉语儿童阅读困难特点的调查问卷，内容涉及字、词、句，以及段落等不同层次，

---

* 表 1.1 至表 1.5 引自孟祥芝（2000）的博士学位论文《汉语发展性阅读障碍儿童的汉字表征与加工》。

每个层次又分为理解和产生两方面内容,理解分为口语理解和书面语理解。整个调查问卷由30个项目和一个开放式问题组成。要求被调查者(通常是家长或老师)在一个5点量表上评定所调查现象在阅读障碍儿童身上出现的频率,"从未出现"评定为"1","经常出现"评定为"5"。我们分别调查了老师和家长,对调查结果进行了两种分析,第一种是按项目进行的分析,方法是将所有人在每个项目上的平均分按从高到低排序,得出被评定为出现频率较高的前10个项目,这些项目代表了阅读障碍儿童在学习中最常出现的问题。另一种是按照问卷涉及的不同内容和领域分别将不同的项目归入不同的类别,计算出每个领域的平均分,这使我们能够从总体上了解阅读障碍儿童的问题具体表现在哪些方面。

从表1.1项目排序可以看出,阅读障碍儿童的家长认为阅读障碍儿童在语文学习上的最大问题是汉字的产生(听写/默写),汉字识别中形、音、义的混淆,对字义的理解困难等;其次是阅读速度很慢,这既可能是由于单个字的识别困难,导致没有足够的注意资源进行句子或者段落阅读,也可能是意义的整合有困难。表1.2内容排序也表明阅读障碍儿童的主要问题是在汉字掌握水平上。

表 1.1　家长调查问卷结果：项目排序

项目	涉及领域
1. 经常忘记一个学过的字应该怎样写	字
2. 阅读时总是一个字一个字地读	段落
3. 经常混淆同音字的意义	字
4. 写字时，经常混淆字形相近的字	字
5. 根据拼音写汉字的作业总是做得很差	字
6. 学过的字常常不会读	字
7. 在听写测验中常常做得不好	字
8. 经常混淆字形相近的字的意义	字
9. 常常不理解字在词中的意思	字
10. 不理解一个词在句子中的意思	词

表 1.2　家长调查问卷结果：内容排序

名称	平均分	涉及领域
写字	3.87	字
字形	3.43	字
字义	3.40	字
读字	3.32	字
书面语理解	3.28	段落
段落阅读	3.15	段落
字音	2.90	字
句子或段落产生	2.64	段落
口语理解	2.20	段落

教师调查得到了类似的结果，我们对家长与教师在 30

个项目上的评分进行了相关分析,相关系数是 0.68 ($p<0.0001$),说明家长与教师的观点非常一致。从表 1.1~1.4 可见,项目分析与内容分析的结果、教师与家长的调查结果都一致表明儿童在汉字的掌握上存在困难。具体表现在字形、字义、字音等方面;其次是书面语的理解,这里主要指对具体语境中的字、词和段落的理解。

表 1.3　教师调查问卷结果:项目排序

项目	涉及领域
1. 经常把字形相近的字写混淆	字
2. 经常忘记一个学过的字应该怎样写	字
3. 字形相近的字经常读混	字
4. 常常不理解字在词中的意思	字
5. 经常混淆字形相近的字的意义	字
6. 写作文时常常前后意思不连贯	段落
7. 经常把同义字和近义字写混淆	字
8. 阅读一段文章之后常常不知道写的什么	段落
9. 经常混淆同音字的意义	字
10. 经常把同义字和近义字读混	字

表 1.4　教师调查问卷结果:内容排序

名称	平均分	涉及领域
字形	4.06	字
写字	3.79	字
字义	3.72	字

续表

名称	平均分	涉及领域
读字	3.54	字
书面语理解	3.53	段落
句子、段落产生	3.43	段落
口语理解	3.28	段落
段落阅读	3.12	段落
拼音	2.44	字

由于各种原因，一旦儿童的汉字识别出现问题，若不及时给予适当的帮助，在字词学习上与其他孩子的差异就会越来越大。以四年级为例，我们在北京地区得到的数据显示，四年级儿童平均识字量是 2594 个字，最低的是 989 个字，最高的是 3336 个字。根据 2006 年 9 月国家语言文字工作委员会出版的《中国语言生活状况报告（2005）》，934 个最常用的汉字覆盖了日常生活全部语料的 90%。所以，识字量少的儿童在日常生活中阅读通俗读物一般不会存在太大问题。然而，根据《义务教育：语文课程标准（2011 年版）》，三、四年级儿童需累计认识 2500 个汉字，其中 2000 个会写；五、六年级儿童需累计认识 3000 个汉字，其中 2500 个会写。与此教学目标相比，这部分儿童的识字量远远落后。可以预期，在识字量上的落后，必将限制深层次的阅读理解和书面语表达能力的发展，进而影响学业成绩。

近十年来，数字信息技术进一步影响了儿童阅读能力的发展。我们于 2004 年和 2014 年，在快速阅读理解和识字量两个方面对小学四、五年级的儿童进行了调查。调查对象是北京市 8 所小学的 1899 名儿童，其中 2004 年 922 名儿童，2014 年 977 名儿童。总体而言，与 2004 年同年级儿童相比，2014 年四、五年级儿童的快速阅读理解水平和识字量均有显著增长（图 1.1）。其中，四年级儿童平均快速阅读理解成绩从每分钟正确阅读 4.54 道题增长到 5.66 道题，五年级儿童的平均成绩从每分钟正确阅读 4.89 道题增长到 6.44 道题，同比增长率分别为 24.7%和 31.7%。四年级儿童的平均识字量从 2291 个汉字增长到 2594 个，五年级儿童的平均识字量从 2618 个增长到 2879 个，同比增长率分别为 13.2%和 10.0%。说明十年内儿童的信息加工能力和学习能力都有所增强。

识字量水平处于底端（测验成绩位于末端 5%以下）的儿童（识字低分组），其快速阅读理解能力也随着时代的变化显著增长，但是其识字量却出现显著下降（图 1.2），四、五年级识字低分组儿童在 2014 年的平均识字量分别为 1073 和 1567 个汉字，显著低于 2004 年的 1428 和 1837 个。这从一定程度上说明，数字信息技术和拼音输入法的普及，减少了儿童手写汉字的次数，识字技能低的儿童更容易受到这种变化的影响。

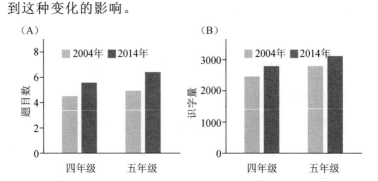

图 1.1 图（A）为快速阅读理解成绩在年代间的变化，纵坐标为儿童每分钟阅读题目数；图（B）为识字量在年代间的变化，纵坐标为儿童识字个数。

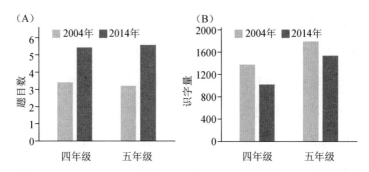

图 1.2 图（A）为识字低分组儿童快速阅读理解成绩在年代间的变化，纵坐标为儿童每分钟阅读题目数；图（B）为识字量在年代间的变化，纵坐标为儿童识字个数。

除了上述识字问题，阅读障碍儿童另外一个明显的特点是阅读速度慢。不仅阅读汉字的速度慢，他们读数字的速度也比其他孩子慢。我们把数字、熟悉的单个汉字以及物体图片（比如鸟、球等）通过计算机呈现在屏幕上，让儿童看见之后就大声读出来，计算机自动记录从刺激出现到儿童读出来的时间。结果发现，阅读障碍儿童在几乎所有方面的阅读速度都比同年龄的典型发展儿童慢，其中在汉字阅读速度上平均慢 94 毫秒，数字平均慢 48 毫秒（表 1.5）。研究者称这种现象为"命名速度障碍"或者"快速命名障碍"，认为这种自动化加工与小脑的功能有关。近几年的研究显示，快速命名与视觉功能的成熟有关。快速命名障碍一方面影响儿童的阅读流畅性，同时也会影响儿童的意义理解。因为在字词层面上不能自动化地阅读，将会占用更多本应用于意义理解的注意资源。就像我们可以一边说话，一边写自己的名字，因为这两个动作的自动化程度高，可以同时进行。但如果我们对两个动作都不熟练，就很难同时执行，比如刚开始学骑自行车的时候，一边要手脚协调，保持平衡，一边眼睛要看路，注意安全。

表 1.5 阅读障碍儿童与典型发展儿童命名反应时的比较（单位：毫秒）

	数字	汉字	图片
阅读障碍儿童	589	668	733
典型发展儿童	540	574	721

汉语阅读障碍儿童的认知特征

上面说的是阅读障碍儿童在学习中文过程中的两种主要表现，一个是字的问题，一个是速度问题。那么，和这些问题相关联的心理过程有哪些呢？洪慧芳和曾志朗（1993）研究发现，汉语儿童的阅读障碍问题主要出在不能清晰地分析词汇中包含的语音成分，只能记忆较少的语音信息。黄秀霜（1997）使用视觉测验与语音测验研究汉语阅读障碍儿童与阅读正常儿童在视觉辨认与语音辨别上的差异，结果发现，与阅读正常儿童相比，阅读障碍儿童视觉分辨成绩较低，他们对于看到的信息能记住的也比较少。而视觉分辨和视觉信息记忆能力对阅读障碍儿童的语文成绩具有预测作用。阅读障碍儿童对语音和声调的听觉分辨成绩低于阅读正常儿童，而且这两个方面的成绩都对阅读障碍儿童的阅读成绩具有预测作用。关于阅读障碍儿童的视觉及语音信息处理能力，研究者发现汉语阅读障碍儿童对语音信息的处理能力较差，可能的原因是对汉语语音不够敏感，记忆语音信息比较困难，他们认为语音分析能力是阅读障碍儿童真正有缺陷的地方。

对于不同的文字系统，其文字符号形状构成规则不同，语言结构的表音程度也不同。在拼音文字中，组成单词的字母可以通过形-音对应规则转化成发音,然后整合成单词的读音。例如"cat"可以通过发音规则转换成/k/、/æ/、/t/,然后整合为/kæt/。汉字是表意文字，除了少数形声字的声旁能完全表示汉字的读音（如，清）以外，汉字的字形与读音之间并不存在系统的一一对应关系。大多数汉字的读音需要个体去学习和记忆,建立起字形和读音之间的联系。因此，由于不同文字系统中字形表音的程度不同，阅读（转换成语音）文字的难度也就有所差异，阅读障碍的类型和特点就可能会因书写系统的不同而不同。对于汉语儿童阅读障碍特殊性的研究发现，汉语儿童阅读障碍最主要的认知缺陷表现在以下几个方面：

正字法

正字法是指对于汉字的结构以及汉字书写规则的认识，主要是字形构成的一些规则。比如，汉字中的"宀"从来不会出现在字的底部，"扌"从来不会出现在字的右半边。这就是一种构字法则。儿童接触文字之后，会逐渐获得关于文字书写规则的意识，这种意识与他们将来上学之后汉字学习技能有一定的关联。汉字学习技能比较强的儿童通常会自己发展出正字法意识，而汉字学习技能比较低的儿童有的时候不能自发地形成这种意识，需要家长或者老师有意识地教给他们。

构词法

有研究指出，构词法障碍是汉语阅读障碍儿童独特的核心问题。构词法是关于语言、文字如何表达意义的规则。汉语以单音节词为主，一个词就是表达意义的最小单位，称为"语素""词素"，对应着一个汉字。从汉字表达意义上看，在单字层次上，因为中文是表意文字，其造字过程以及成词过程都以意义构成和表达为核心。汉字早期的造字方法通常反映汉字的意义，比如，象形字、指事字、会意字、形声字等，都是通过一定的方式在字的写法上传达字的意思。

举个例子，独体字"冉"，意思是"逐渐，渐进"。为什么呢？"冉"的甲骨文"𦥑"像从脸两侧垂下的毛发，其本义指人下垂的毛发，"冉冉"合用表示"时光渐渐流逝，事物慢慢变化"，进一步引申为"柔弱的样子"。而这些基本字成为构建合体汉字的基础，合体字的意义从中延伸而来。像"遽契其舟"中的"遽"上面是虎字头表示"虎"，是个象形字；下面是"豕"，也是象形字，表示"猪"；"辶"表示"跑，追赶"的意思。遽的本义是"送信的快车或快马"，引申为"快，匆忙，窘迫"。

另外，占汉字 70%～80%的形声字通常通过形旁表达意义，比如"扌"表示字的意思和手部动作有关；通过声旁表达字的读音，如"清"，整字读音就与声旁的读音完全一样。小学低年级学习的汉字大多是经常用到的高频字和独体字。中高年级学习的汉字以合体字为主，尤其是形声字。阅读障碍儿童通常对汉字结构中形旁表意、声旁表音的意识比较弱，因此记忆汉字和学习新的汉字时，效率不高。

快速命名

快速命名是指快且准确地读出字的发音。通常人们使用简单的汉字、字母或者数字作为测试材料，让儿童尽快读出来。如前所述，阅读障碍儿童读的速度显著慢于同年龄的典型发展儿童。很多研究者把快速命名看作一个语音过程，这个过程包括对视觉符号的快速识别、语音提取、发出声音等几个相继出现的环节。阅读障碍儿童的命名速度障碍到底发生在其中的哪个环节，还是每个环节都存在缺陷，还需要进一步观察。

语音技能

语音技能包括语音意识、语音短时记忆以及语音产生。涉及语音的感知、保持、语音操作和产出。语音技能不仅影响儿童阅读能力发展,还会影响儿童算术技能的发展。研究发现,阅读障碍儿童在精确计算上的成绩显著低于典型发展儿童,估算正确率两组儿童没有显著差异(Yang & Meng,2016)。而且儿童精确计算的正确率和他们的语音短时记忆、语音意识成绩显著相关。因为阅读和计算过程都涉及语音激活、语音编码、语音保持和利用。

美国学者 Laurie Cutting 等人(2006)的研究结果显示,在小学低年级发生的阅读障碍与中高年级出现(表现出)的阅读障碍有不同的表现和原因。小学低年级就显现出来的阅读障碍主要表现在识字、语音、拼音、写字方面。由于汉字的识别不能达到自动化的程度,占据了阅读的注意资源,导致阅读速度和阅读理解速度慢。

另外一些儿童在低年级时没有表现出阅读困难,到了中高年级时才出现阅读问题。表现为阅读理解速度慢,概括意义存在困难。上述这些方面的问题主要与儿童的执行控制能力有关,包括注意、工作记忆、抑制等。所以,阅读障碍不仅涉及文字识别、记忆以及阅读理解的问题,还涉及许多作为基础的认知功能。

整体加工缺陷*

从直观上看，阅读障碍儿童写字常常丢笔画、加笔画，好像是对汉字的细节掌握有问题。我们近期的一个研究却发现阅读障碍儿童与同年龄的典型发展儿童相比，主要问题是文字符号的整体加工能力显著低于同年龄的典型发展儿童。研究中使用了整体/局部判断任务（图1.3）。这个任务中的关键实验材料是由小字母组成的大字母，方块组成的大字母和小字母组成的方块作为控制材料。在关键实验材料中，小H组成大S或者小S组成大H是不一致条件。小H组成大H或者小S组成大S是一致条件。儿童的任务是对一半实验材料判断大字母是H还是S，对另一半实验材料判断小字母是H还是S。

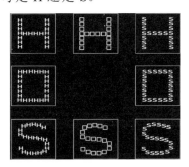

图1.3 整体和局部加工的实验材料

---

* 图1.3和图1.4引自肖欣宜（2016）的本科学位论文《汉语发展性阅读障碍儿童的整体加工缺陷及其语言特异性》。

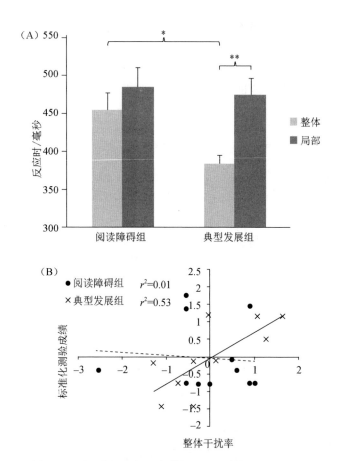

图 1.4 图（A）展示的是两组儿童整体和局部判断反应时；图（B）展示的是整体干扰率与识字成绩的相关关系，实线和虚线分别为典型发展组和阅读障碍组的相关曲线。

以往研究通常发现，典型发展的个体在上述任务中一般会出现整体优先效应。即判断整体（判断大字母）的正确率高于判断局部（判断小字母），判断整体（判断大字母）的反应速度快于判断局部（判断小字母），尤其是当大字母和小字母不一致的时候。研究者认为整体优先效应反映了视觉空间注意功能，是大脑皮层右后顶叶功能的体现。

研究结果发现，典型发展儿童出现了整体优先效应，阅读障碍儿童没有表现出整体优先效应（图 1.4（A））。当大字母和小字母不一致的情况下，大字母会使小字母判断反应时变慢，其影响量称为整体干扰率，该整体干扰率与典型发展儿童的汉字阅读成绩存在显著相关，与阅读障碍儿童的汉字阅读成绩不存在相关（图 1.4（B））。

上述结果说明，阅读障碍儿童缺乏整体加工优势，这很可能是由于他们还不能实现对小的视觉单位进行自动化处理。

阅读障碍者的优势[*]

虽然阅读障碍者在与文字信息处理相关联的认知过程方面存在问题，但是他们的其他认知能力发育良好，甚至在某些方面还有突出的表现。

---

[*] 感谢香港理工大学黎程正家教授为本节部分内容提供的资料。

新加坡前总理李光耀患有轻微的阅读障碍。就读剑桥大学期间，他在写给妻子的信上常常拼错自己学院的名字，速读时也总会遗漏一些关键词。学习中文数十载，但他的中文能力仍只有初中程度，最差的是写中文。李光耀以中文发表讲话，事前一定会反复彩排，或者在摄影棚内设置字幕。正因为如此，李光耀从小就得比别人加倍努力，演讲稿还要先请妻子过目。新加坡开展了"拥抱阅读障碍"运动，宗旨之一就是帮助在这方面有问题的个体克服阅读障碍，也希望发掘隐藏在阅读障碍者身上的潜能与才华。

在流行音乐界，萧敬腾和卢冠廷患有阅读障碍。萧敬腾不识字、不会写字，就连拍广告读剧本都要工作人员先读一遍才能上场。想要背熟歌词，就必须靠手抄、牢记旋律练唱，靠别人一字一句念给他听，他再慢慢记下来。现场准备的提词器对他的帮助也不大。因此，他开始练习戴耳机"听词"。拍电影时，也是助理先帮他看完剧本，再告诉他剧情，每天拍戏前，要先请工作人员念台词给他听。

卢冠廷是香港知名的创作歌手、电影配乐师、演员。

他说：" 我不懂写字，也不懂计数，连自己的名字也写不出，写中文、英文的情况都一样……我不能写，但庆幸自己仍能读。我看书时要用尺子逐行比着看，也常常无法找出句子和段落的起首。如果文字排得太小、太密，我就会读得更辛苦。我看得比别人慢，但我看得专注且坚持，因此能比别人知道得更多……我不懂五线谱，会把 b 和 d 搞混。当我想到一段音乐时，我就唱出来，用录音笔录下。我考试门门不合格，但只要是我想做的事，我都能做到。"

在医学界，精神科医生丁锡全患有阅读障碍。他在阅读生字词时没有障碍，只在书写的时候才会出现认知困难，经常忘记字的写法，只记得读音。从小默写课文、写作文等经常因为写错字而被扣分，不及格是"家常便饭"。"阅读障碍只是语文不太好，不代表没有未来。任何人都有自己的优缺点、长短处，只要好好发挥自己的长处，同样可以闯出一片天……唯一影响我的是处理文件，我写的报告时常有错，需要护士复检。"但在治疗病人的工作上，阅读障碍就不是问题。

在国外，也有些公众人物患有阅读障碍。比如，维珍集团创始人理查德·布兰森（Richard Branson），在 18 岁时就赚了一百万美元，现在身价超过亿万美元。直到 8 岁，他都不会认字或写字，上学时常受欺负。连净利与毛利这两个名词，他都搞不懂，直到别人解释给他听时，他才了解。因为患有阅读障碍，布兰森说话力求简单。他比较喜欢问答的方式，而不是冗长的发言。

演员汤姆·克鲁斯（Tom Cruise）也是一名阅读障碍患者。他会把字母搞混、阅读速度很慢，也不会查字典。幸好他的母亲受过特教训练，针对他的表现，负起教育的责任。他曾说："虽然我是天生的左撇子，但却被强迫用右手，我常常将字写颠倒，而阅读对我来说是如此困难，我不得不在特教班上课，觉得大家都当我是笨蛋，羞耻极了。"他学会在其他方面多做努力来弥补，要交作业时，得先念给妈妈听，妈妈写下后，他再照着抄。他对阅读障碍的形容是："我必须训练自己集中注意力，演讲时我要靠我的想象力来构建我要说的内容。"

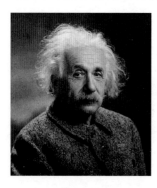

爱因斯坦被认为拥有最聪明的大脑，但同时却患有阅读障碍。3岁时还不会说话，7岁时无法把文字大声读出来，年轻时的学习成绩不好，学外语更困难，老师对他的评语是"没一样行"。爱因斯坦的思考过程也和常人不同，他很少用字句去思考，而是先有想法，再尝试找出字句表达出来。

由于学校教育的内容和形式大多是以书面文字的形式进行的，阅读障碍儿童在学习过程中必然面临许多困难和挫折。如果学校老师、家长，甚至儿童本人无法理解正在面临的独特问题，儿童就可能会继发一些情绪问题，如失望、焦虑、愤怒等。应该注意的是，这些情绪或者行为问题，对于大多数阅读障碍儿童来说，是阅读困难所导致的下游问题。

在传统研究中，大多数研究集中关注阅读障碍者的缺陷是什么，发生原因是什么，以找出机制，进行干预。由于阅读障碍是一种特定的学习困难，通常来讲，阅读障碍者在其他认知、社会情绪、行为等方面并不存在问题，甚至在某些方面还有超出常人的发展和表现。从上面列举的名人案例似乎可以看出，阅读障碍者通常具有坚强的克服困难的毅力和精神。由于对文字信息的处理效率低，他们会更多地发展和使用形象思维。在行为方式上，往往能够寻求新的发展方向和突破口。

根据零星发表的文献记载，有研究指出，阅读障碍者在创造性图画测验上的得分超出同年龄、同智商的典型发展者。该测验会给受测者一些形状，让他们根据这些形状画出尽可能多的物体。这是典型的发散性思维测验，发散性思维能力是创造性思维的核心。

马尔科姆·格拉德威尔（Malcolm Gladwell）在他的著作《逆转》（*David and Goliath*）中把阅读障碍称为"渴望的障碍"（desirable disorder），指出人们可以把"障碍"转化为"优势"。英国博尔顿大学的研究者 Chathurika S. Kannangara 专门研究阅读障碍者的优势，还创立了一个网站（www.desirabledyslexia.com），用积极心理学提出者 Martin E. P. Seligman 及其合作者开发的 Values in Action（VIA）问卷调查阅读障碍者的优势。Kannangara（2015）指出不管是由于阅读障碍而产生的补偿发展，还是原本就有的优势能力，阅读障碍者要想克服困难、发挥优势，要想从苦闷的阅读障碍者转变成乐观的阅读障碍者，就必须转换信念。这种信念是基于积极心理学的理念，是一种关于如何看待自我、如何看待能力、如何看待挑战的信念。苦闷的阅读障碍者的典型心态是：面对挑战时感觉焦虑、愤怒；面对困难时选择逃避、放弃；面对批评时感觉很差，并忽视或屏蔽批评意见；面对失败时自我怀疑、否定、屈服和放弃。而乐观的阅读障碍者的信念是：拥抱挑战、积极接受挑战；有困难的时候利用优势越过障碍；善于从批评意见中学习；面对失败的时候会坚持、忍耐、有韧性、寻找其他解决方法。

苦闷的阅读障碍者和乐观的阅读障碍者

理解：阅读障碍的生理因素

阅读障碍的认知神经基础

阅读障碍是一种隐形的障碍，是具有一定遗传和认知神经基础的书面语言信息处理问题。大脑在遗传和神经结构/认知功能上的异常导致处理语言信息的神经系统和视觉信息处理通路的异常，进而导致儿童在执行某些语音/阅读任务以及视觉任务时出现问题。这两类加工异常构成了阅读困难研究的两种理论倾向。

第一种理论强调阅读困难的语言特异性，认为阅读困难来源于儿童在语言学层次上的信息处理缺陷。阅读障碍者在言语信息的表征和加工上存在障碍，而对其他信息的认知处理能力相对较好或完整无缺。语言学观点的一个典型代表就是语音缺陷假设。这一假设认为儿童阅读和拼写困难的根源在于他们在处理语音信息时存在缺陷。这些缺陷表现在工作记忆（和正在进行的工作有关的信息记忆）系统中对语音信息的保持、对数字和字词命名的速度、对字母与音位之间关系的意识以及对语音结构本身的意识和对语音单位（如音位、音节、声调）的操作上。其中，儿童的语音意识是儿童获得阅读能力的关键。语音意识是对语音结构的感知和操作能力，比如，儿童听到音节"lan"，能知道这个音节由"l"和"an"组成，也能够操纵这个音节，比如去掉"l"，儿童知道剩下的音是"an"。再比如，儿童听到"b"和"a"，他能拼起来成为"ba"。研究者发现，儿童在各种语音意识测验（例如去掉或替换某个音素，"cat"去掉/k/，还剩下/æt/；又如押韵判断，"cat"和"hat"押韵，而"cat"和"dog"不押韵）中的成绩与他们的阅读成绩有很高的相关度，而学前儿童在语音意识测验中的得分可以预测他们之后（直至小学毕业）的阅读和拼写能力的发展（Bradley & Bryant, 1978）。

第二种理论强调发展性阅读障碍的非语音特性，认为阅读困难是由基本视觉和听觉信息处理缺陷造成的。基本感知觉的正常发展是高级认知、语言和言语发展的先决条件。这类理论有两个分支。一个分支强调从视网膜到外侧膝状体再到视皮层的大细胞通路（图1.5）及其负责的视觉加工在阅读和阅读障碍中的作用（Livingstone et al., 1991; Stein & Walsh, 1997）。视觉信息从视网膜到达视皮层有一个重要的中继站——外侧膝状体。外侧膝状体由四层小细胞和两层大细胞构成。研究显示，大、小细胞通路有分工，大细胞通路负责处理快速变化的动态信息，小细胞通路负责形状、颜色等信息。文字信息的阅读主要经由大细胞通路到达大脑视觉皮层。

另一个分支强调基本听觉加工（如对快速转换的音流的辨别）对阅读障碍的影响（Tallal, 1980）。在一个人能够加工复杂声学信息（如语音或语言）之前，必须能够充分觉察和分辨声音之间声学特性的不同，比如音调、音色、频率、响度以及声速等。

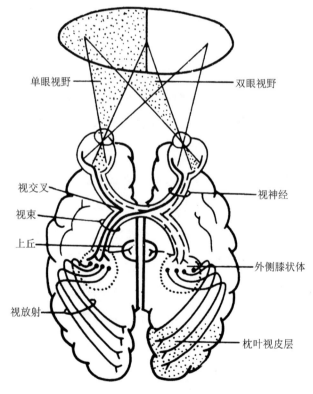

图 1.5　视觉传导通路

低层次的视觉和听觉加工缺陷如何解释阅读障碍，在学术界还是一个有争议的问题。很可能阅读障碍中语言缺失与低层次的感觉加工并没有因果关系，只是它们共用的某些神经系统有缺陷。

拼音文字国家的神经生理学研究结果显示，正常的字词阅读涉及比较广泛的大脑皮层区域，包括大脑左半球的枕叶和颞顶联合区、左侧额下回、颞上回与颞中回、双侧小脑、运动区、运动辅助区中部和扣带回前部（图1.6）（Fiez & Petersen，1998；Price，1997；Dehaehe et al., 2010）。

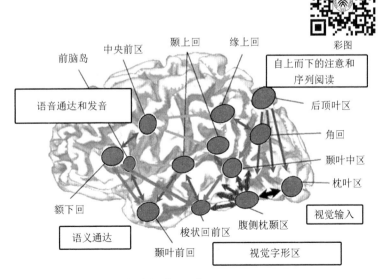

图1.6 阅读的神经网络（Dehaehe，2010）

对英语的发展性阅读障碍成年被试和儿童被试的脑成像（功能性核磁共振技术，fMRI）研究结果显示，阅读障碍者在完成语言（语音）任务时，大脑左侧颞叶和顶叶交界处，特别是角回的活动异常，是阅读困难的核心位置。相对于控制组被试，阅读困难者的颞顶联合区只有较低的激活程度，而额下回的激活程度较高。颞顶联合区的低激活揭示了从字形向语音转换的困难，而额下回的过度激活则可能反映了对语音加工困难的一种补偿机制。Temple 等人（2001）采用字母押韵（语音）判断和字母匹配（字形）任务，使用 fMRI 测量了 8~12 岁儿童的脑区激活程度。结果发现在押韵判断时，典型发展儿童和阅读障碍儿童都出现了大脑左侧额叶的激活，但仅有典型发展儿童在左侧颞顶联合区有激活。在字母匹配任务中，典型发展儿童在整个纹外区，特别是枕顶交界处有激活，而阅读障碍儿童在纹外区很少有激活。此结果标志着阅读障碍儿童在语音和字形加工的神经基础上都存在缺陷。在一个涉及英语、法语和意大利语的跨语言研究中（Paulesu et al., 2001），研究者发现，发展性阅读障碍者在完成朗读或默读任务时，与其他成人相比，大脑左半球激活程度相对较低，主要反映在左侧颞中回，也包括颞上回、颞下回和枕中回。这些研究结果说明，至少在拼音文字中，语言加工障碍有一些普遍性的神经基础。

对发展性阅读障碍视觉加工缺陷的研究已经进行了20多年，得到了一些比较可靠的结论（Lovegrove et al., 1980；Stein & Welsh，1997）。对大细胞通路的电生理和解剖学研究也支持这条通路的缺损可能是造成阅读障碍的原因之一这一观点。例如，Livingstone 等人（1991）的大脑解剖学研究结果发现，发展性阅读障碍者的外侧膝状体大细胞层的细胞较小。fMRI 研究结果显示，靠近颞-枕-顶交界区的 MT/V5 区对运动知觉敏感，而这个区域主要接受大细胞的投射（Watson et al., 1993）。Eden 等人（1996）给阅读障碍者和控制组被试呈现运动的圆点或者静止的圆点，前者是在灰色背景上有一些黑色的圆点，这些圆点朝某一个方向运动。后者是静止的圆点，这些圆点形成一定的形状。结果发现阅读障碍者和控制组被试观察静止圆点时，脑区（V1/V2 和纹外区）活动程度没有差异；而在观察动点时，阅读障碍者的判断准确率显著低于控制组被试，更重要的是，阅读障碍者没有像控制组一样出现 MT/V5 区的活动。Dembet 等人（1998）发现，MT/V5 区 fMRI 信号的强度与阅读能力呈正相关，被试的阅读水平越低，其

MT/V5 区激活就越弱。在运动视觉加工中，MT/V5 区向顶下皮层和小脑提供很强的投射，而 fMRI 研究表明，这些区域在阅读障碍者身上也表现出与语言有关的异常活动。Eden 等人后来的研究发现（Olulade, Napoliello, & Eden, 2013），对阅读障碍者进行语音训练后，其 MT/V5 区会变得更加活跃，这一结果似乎说明语音困难是阅读障碍的成因，而大细胞通路活动异常只是阅读障碍的一种表现。

不管是强调发展性阅读障碍者存在语言加工缺损，还是视觉加工存在缺陷，来自拼音文字的大部分脑功能成像结果都指出颞顶联合区是阅读障碍的主要脑基础所在处。当然，发展性阅读障碍还有可能涉及其他脑区，特别是颞叶的某些部分以及额下回。另一个潜在脑区是小脑。有研究指出，阅读障碍者的小脑功能激活也存在异常（Rae et al., 1998；Nicolson et al., 1999）。

近年来的神经生理学研究进一步发现，与阅读能力发展良好的同伴相比，阅读障碍者脑区之间的功能联结比较弱，大脑白质结构，尤其是连接语言理解和语言产生的大脑白质纤维束（弓状束）存在异常是阅读困难的典型神经特征，3 岁时弓状束的特征还能预测儿童入学后出现阅读困难的可能性（Langer et al., 2017）。

与英文阅读障碍的神经基础有所不同，中文阅读障碍者没有在大脑左侧颞顶联合区表现出显著的功能异常；在同音字判断任务和正字法（语义）任务中，中文阅读障碍儿童的大脑左侧额中回的激活显著减弱（Siok, Niu, Jin, Perfetti, & Tan, 2008；Siok, Perfetti, Jin, & Tan, 2004）。Siok等人（2009）进一步发现，中文阅读障碍儿童除了语音能力不足外，其视觉空间加工也存在缺陷。在字体大小判断任务中，中文阅读障碍儿童在左侧顶内沟表现出激活的减弱，在右侧顶内沟却表现出激活的增强。研究者认为，左侧顶内沟主要负责对视觉刺激物理特征的目标导向探测，主要参与视觉的空间调节与加工过程；而右侧顶内沟与非目标导向的视觉空间加工过程有关。Liu等人（2012）采用视觉文字的语音押韵和语义相关判断任务对中文阅读障碍儿童进行研究，发现在两个任务中，与控制组儿童相比，阅读障碍儿童在大脑右侧视觉皮层表现出激活的显著减弱，并且与视觉正字法加工相关的大脑双侧脑区以及左侧的额下回表现出激活的同步性减弱。这些研究结果说明，大脑双侧视觉皮层对于中文加工的重要性。研究者认为，位于大脑右侧颞枕区的梭状回的额外激活与汉字需要较多的视觉空间加工有关（Bolger, Perfetti, & Schneider, 2005；

Tan, Laird, Li, & Fox, 2005)。Siok 等人（2004）也发现中文阅读障碍儿童在颞枕区的激活减弱。这可能与汉字音形联结方式以及汉字的视觉空间复杂性有关。

中文阅读障碍儿童也存在脑区间功能连接的缺陷。例如，Zhou 等人（2015）发现，中文阅读障碍儿童在左侧额中回和左侧顶内沟表现出功能连接的缺失，在左侧额中回和左侧视觉词形区（VWFA）表现出功能连接的减少。而且，这些脑区之间功能连接的强度与被试在阅读流畅性测验上的得分呈正相关。在白质纤维连接方面，Cui 等人（2016）基于白质纤维束指标对中文阅读障碍者与控制组被试进行了判别分析，发现几个网络的组合，包括上纵束、下纵束、下额枕束和胼胝体的阅读网络，包含扣带束和穹窿的边缘网络以及包含放射束和小脑脚的运动网络，对区别中文阅读障碍儿童和典型发展儿童的准确度可达 83.61%。

张曼莉（2017）比较了儿童汉语（母语）阅读困难和英语（第一外语）阅读困难的神经机制。发现汉语阅读困难主要表现在额叶语义加工脑区（左侧额下回等）与负责字形（左侧梭状回）、语音（左侧缘上回）加工的脑区之间的连接减弱，并且右半球视觉皮层与双侧高级视觉加工区（颞下回等）的连接也存在不足；而英语阅读困难则表现为左半球梭状回字形加工区向语音（顶下小叶）、语义（额下回）加工区的投射存在缺陷，另伴有语言网络和右侧小脑、内侧额叶等与认知整合、控制、转换功能相关的大脑皮层间的连接性降低。在神经补偿作用方面，汉语阅读困难更多地涉及右半球视觉、颞-顶及额叶皮层，以弥补字形、语音加工上的不足；而英语阅读困难则表现出对左半球母语阅读网络中颞顶皮层的过度依赖，以补偿受损的语音加工能力。在全脑网络连接的整体属性上，汉语阅读困难伴随全局连接效率增强，而英语阅读困难存在更强的局部连接效率。由此，研究者提出两种阅读困难神经机制的"脑功能特异化不足-整合失衡"假说：汉语阅读困难的产生源于脑功能特异化不足，其特征为全脑连接"过广"、阅读网络的大脑左半球偏侧化趋势较弱；而英语阅读困难则是一种脑功能的整合缺陷，其特征为全脑连接"过专"、过度依赖大脑左半球的阅读网络。利用上述神经生理指标对阅读障碍类型进行判别分类的准确率超过 90%。

值得庆幸的是，研究发现，适当的训练能够提高儿童的阅读水平并改变其大脑生理活动状态和结构，我们将在后面的章节中介绍相关训练方法。

阅读障碍的遗传性表现

发展性阅读障碍是一种神经-认知缺陷，具有很强的遗传性表现（Defries et al., 1987），相关研究证据主要来自双生子研究和基因检测研究。

在最早的阅读障碍双生子研究中，Hermann（1959）发现10对同卵双生子都是阅读障碍患者，而33对异卵双生子中只有 11 对（33.3%）同时是阅读障碍患者。Zerbin-Rudin 总结了几个双生子（至少其中一人有阅读障碍）研究的案例，在17对同卵双生子与34对异卵双生子中，前者的阅读障碍同现率（两人都有阅读障碍）为100%，后者的同现率是35%，远低于同卵双生子。Bakwin（1973）选择了62对双生子（至少其中一人有阅读障碍），阅读障碍的同现率同卵双生子是84%，异卵双生子是20%。还有研究报告了同卵/异卵双生子中的两个人在阅读任务上的成绩相关度。结果发现，与异卵双生子相比，同卵双生子之间阅读成绩的相关性更高。这些研究结果提示了发展性阅读障碍具有明显的遗传性。

基因检测研究结果显示，拼写、数字广度和语音译码（把字形转换成语音的过程）有很大的遗传性，而阅读理解、知觉速度和正字法的遗传性较低。语音译码的遗传评定高达 0.93，拼写的遗传评定为 0.21～0.62。Stevenson 等人（1987）发现阅读理解的遗传评定是 0.51，拼写的遗传评定是 0.73。

基因研究的最终目标是确定和分离出有关的基因。一旦实现了基因定位，就可能为基因编码的蛋白质产物在正常加工与疾病中的作用提供合适的生理学解释。研究者有可能会发现能够减轻机能不良基因影响的干预方法，基因分离是实现基因治疗的基础，即用正常基因代替"障碍"基因。使用分子连锁分析技术，研究者仔细地研究了阅读障碍在代际间重复出现的家系。一项研究显示，阅读障碍的一个主要基因位于 15 号染色体的短臂上。Froster 等人（1993）鉴定出阅读障碍和言语发展迟缓与 1 号染色体和 2 号染色体易位有关，这项研究指出相关基因位于 1 号染色体短臂的末梢或 2 号染色体长臂。

后来，研究者采取对阅读涉及的不同方面进行分别鉴定的方法，其基本假设是，不同的基因会影响不同的阅读过程。Grigorenko 等人（1997）针对语音意识、语音译码、快速命名、单个词阅读、智力与阅读成绩差异等五种阅读障碍表现型分别进行了连锁分析。结果发现语音意识受 6 号染色体影响，而 15 号染色体影响单个词阅读。Fisher 等人（1999）选取智力与阅读成绩差异、词汇识别、正字法编码、语音译码四种表现型进行了分析，发现语音和正字法都会受到6号染色体影响。最近的研究（Zhang et al., 2012, 2016; Su et al., 2015）找到了几个与中文阅读和阅读障碍有关的基因，比如 KIAA0319，DCDC2，DYX1C1。还有研究发现 rs11100040 基因与大脑阅读区的联结有一定的关联，是阅读能力的预测指标。而 Chen 等人（2018）在一个大样本中没有发现与 rs9313548 有关的 FGF18 基因在中文阅读障碍中的作用。因此，中文阅读障碍的遗传学机制还需要进一步研究。

关注：另一种形式的特殊教育

受到阅读障碍困扰的孩子（也包括一些成年人）与其他人一样，能够正常的学习和生活，只不过他们有自己的学习特点，需要特殊的教育方法。具体来说，在学习和处理信息的方式上，他们中的有些人擅长动手制作，有些人则拥有图画式思维或超强的空间想象力。而目前的学校教育和课堂学习的基本形式和内容是以文字材料呈现为主，这一现实情况对于这些孩子来说完全不占优势。

哈佛大学教育心理学家加德纳提出多元智能理论，认为人的智能有八种类型，分别为言语/语言、音乐/节奏、逻辑/数理、视觉/空间、身体/运动、自知/自省、人际/社交、自然探索。意思是说，每个人擅长的领域不同，有的人擅长逻辑思维，有的人擅长体育运动，有的人拥有过人的数学思维能力，有的人善于人际交往，还有的人可能醉心于艺术创作。大脑的发育方式或水平部分决定了个体处理信息的方法，如果我们换一个角度看，就会发现这些孩子身上的闪光点，甚至他们中的有些人是拥有特殊才能或高创造力的。所以，读写技能落后的儿童或许在其他方面有特殊能力，就像爱因斯坦擅用形象思维，他的大脑曾被称为"世界上最聪明的大脑"。

　　但是，学术领域的研究成果与被普通大众知晓和理解，这两者之间还存在着不小的距离。目前，在我国，人们对阅读障碍的相关知识接触较少，对其表现、发生率缺乏了解。社会各界对受到阅读障碍困扰的孩子及其家庭的关注度低，而这类人群对如何寻求帮助以及相关知识和资源的需求度却很高。由于相关特殊教育机构、从业者和孩子家长等人群欠缺对该问题的科学认知，不知道从何处下手应对此类问题，很多受到阅读障碍困扰的孩子面临着被错误评估和对待的风险。这些孩子不喜欢别人说他们有阅读障碍，家长也回避这种标签，这个称呼会给他们带来心理压力和困扰。而在美国或英国情况就大大不同——孩子们能够比较坦然地面对这个问题。有一次，我跟一个从英国来的年轻人聊天，他在中国读研究生，也教英语。我告诉他我研究阅读障碍问题，他马上跟我说："我小时候就有这个问题，现在的阅读速度也比较慢。"他还告诉我，他的本科专业是文学，第二专业是"打鼓"。

阅读障碍应该纳入特殊教育的范畴。针对这一点，很多国家已积累了多年的实践经验。英国在该领域的里程碑式进展是于 1960 年在伦敦成立了词盲中心，以对儿童阅读障碍进行鉴别和教学。1970 年英国阅读障碍协会成立，阅读障碍正式进入英国法案（Chronically Sick and Disabled Person's Act, Section 27）。在美国，1973 年的《美国残疾人士康复法》和 1990 年的《美国残疾人士教育法》将阅读障碍纳入 13 种特殊障碍之中，向有特殊学习需要的学生提供适合个人情况的学习方法以及课程设置等资源。1990 年的《美国残疾公民法》规定："因身体或精神障碍，导致生活中一项或多项主要活动受大幅限制的残疾人士包括特殊学习障碍（阅读障碍）。"在韩国，1994 年的《特殊教育促进法案》将学习障碍（阅读障碍）认定为身心障碍的一种；2007年的《身障者特殊教育法》将学习障碍（阅读障碍）纳入特殊教育服务类别。在日本，2007年的《学校教育法》将学习障碍（阅读障碍）列为身心障碍的一种，纳入特殊教育服务系统，并规定要在普通学校向学习障碍儿童提供特殊的教育资源。

在美国接受特殊教育的学生中，视障占1.8%，脑损伤2.2%，听障2.9%，孤独症3.5%，肢体障碍5.9%，注意缺陷/多动障碍（ADHD）15.1%，精神/情绪障碍15.5%，而特定学习障碍（阅读障碍）占43.5%。而我国统计的残疾人包括以下类别：视力残疾，听力残疾，言语残疾，智力残疾，肢体残疾，精神残疾，多重残疾，等等（《残疾人残疾分类和分级》，2011），并未将阅读障碍包括其中。值得欣慰的是，这种状况正在改变，目前我国已有机构正在努力推进"将读写障碍写入残疾人条例"等相关工作。

前面讲到，阅读障碍者与其他人一样，能够正常的学习和生活，为什么还需要"特殊教育"呢？首先，阅读障碍者的主要问题是由于特殊的大脑发育模式导致的不能有效地处理书面文字信息，而这种读写低效率在某种程度上会妨碍他们的学业发展。这一问题的起因是特殊的大脑发育模式和信息处理方式，因此单纯依靠重复练习和一般性的日常教学很难有效果。就好像一个人近视了，看不清楚黑板上的字，即便你让他"使劲看"或者"看很多遍"，他也不可能看清楚。有效的办法是让他走近一点看，或者戴上近视镜。现代心理学和教育神经科学研究得出的特殊教育方法就是阅读障碍者的"近视镜"，而这种"近视镜"的效果是建立在"人类的大脑具有可塑性"这一假设基础上的。

其次，阅读障碍是一种具有特殊形式的特殊教育，阅读障碍者是隐蔽的特殊教育需求者。从外表上看不出他们有任何问题，有的孩子看起来还异常聪明，因此常常会被误解。香港理工大学在2013年进行的调查结果显示，社会大众对阅读障碍学生仍然存在多种误解，认为儿童阅读障碍是学习成绩差，是"笨小孩""懒惰""不上进""缺乏学习动机"等。结果显示，在学龄儿童家长中，69.23%的家长不了解阅读障碍，还有30.77%的家长表示完全不知道；对于阅读障碍的成因，30.77%的家长认为是孩子厌学；若孩子存在阅读障碍的表现，93.85%的家长不知道如何应对，不知道如何获得专业信息及指导。阅读障碍学生在现行教学、考试模式中成了"不上进的孩子"，无法得到他们需要的支持与帮助。他们的优势潜能经常被忽略，难以得到发挥；因为考试成绩不好而产生自卑、丧失自信、逃学、抑郁、焦虑等严重的情绪及行为问题，使阅读障碍学生的成长危机引发潜在社会问题。

参考文献

郭为藩. 我国学童阅读缺陷问题初步调查及其检讨[J]. 师大教育研究刊，1978, 20: 57—78.

洪慧芳，曾志朗. 文字组合规则与汉语阅读障碍对汉语阅读障碍学童的一项追踪研究[D]. 台北：中正大学心理研究所，1993.

黄秀霜，谢文铃. 阅读障碍儿童与普通儿童在视觉辨识、视觉记忆与国文成就之比较研究[J]. 特殊教育学报, 1997, 12: 321—337.

林焘, 王理嘉. 语音学教程（增订版）[M]. 北京：北京大学出版社, 2013.

张承芬, 张景焕, 殷荣生, 周静, 常淑敏. 关于我国学生汉语阅读困难的研究[J]. 心理科学, 1996, 4 (19)：222—226.

张曼莉. 特异化不足与整合失衡——汉英双语儿童一语、二语阅读困难的神经机制[D]. 北京：北京大学, 2017.

"中国语言生活状况报告"课题组. 中国语言生活状况报告（2005）[M]. 北京：商务印书馆, 2006.

中华人民共和国教育部. 义务教育：语文课程标准（2011 年版）[M]. 北京：北京师范大学出版社, 2012.

BAKWIN H. Reading disability in twins [J]. Developmental Medicine & Child Neurology, 1973, 15(2): 184—187.

BOLGER D J, PERFETTI C A, SCHNEIDER W. Cross-cultural effect on the brain revisited: Universal structures plus writing system variation [J]. Human Brain Mapping, 2005, 25(1): 92—104.

BRADLEY L L, BRYANT P E. Difficulties in auditory organization as a possible cause of reading backwardness [J]. Nature, 1978, 271: 746—747.

CHEN H, ZHOU Y, GE Z, LI Q, SUN Q, ZHENG L, LV H, TAN L, SUN Y. Association study of FGF18 with developmental dyslexia in Chinese population [J]. Psychiatric Genetics, 2018, 28: 8—11.

CUI Z, XIA Z, SU M, SHU H, GONG G. Disrupted white matter connectivity underlying developmental dyslexia: A machine learning approach [J]. Human Brain Mapping, 2016, 37(4): 1443—1458.

CUTTING L E, SCARBOROUGH H S. Prediction of reading comprehension: relative contributions of word recognition, language proficiency, and other cognitive skills can depend on how comprehension is measured [J]. Scientific Studies of Reading, 2006, 10(3):277—299.

DEFRIES J C, FULKER D W, LABUDA M C. Evidence for a genetic etiology in reading disability of twins [J]. Nature, 1987, 329(6139): 537—539.

DEHAENE S. Reading in the brain: the new science of how we read [M]. Penguin Books, 2010.

DEHAENE S, PEGADO F, BRAGA L W, VENTURA P, FILHO G N, JOBERT A, et al. How learning to read changes the cortical networks for vision and language [J]. Science, 2010, 330(6009): 1359—1364.

DEMB J B, BOYNTON G M, HEEGER D J. Brain activity in visual cortex predicts individual differences in reading performance [J]. Proceedings of the National Academy of Sciences of the United States of America, 1997, 94(24):13363—13366.

EDEN G F, VANMETER J W, RUMSEY J M, et al. Abnormal processing of visual motion in dyslexia revealed by functional brain imaging[J]. Nature, 1996, 382(6586): 66—69.

FIEZ J A, PETERSEN S E. Neuroimaging studies of word reading [J]. Proceedings of the National Academy of Sciences, 1998, 95(3): 914—921.

FISHER S E, ANGELA J M, JANINE L, et al. A quantitative-trait locus on chromosome 6p influences different aspects of developmental dyslexia [J]. American Journal of Human Genetics, 1999, 64: 146—156.

FROSTER U, SCHULTE-KORNE G, HEBEBRAND J, et al. Cosegregation of balanced translocation (1; 2) with retarded speech development and dyslexia [J]. Lancet, 1993, 342: 178—179.

GRIGORENKO E L, WOOD F B, MEYER M S, et al. Susceptibility loci for distinct components of developmental dyslexia on chromosomes 6 and 15 [J]. American Journal of Human Genetics, 1997, 60: 27—39.

HERMANN K. Reading disability: a medical study of word blindness and related handicaps [M]. Springfield, IL: Charles C. Thomas, 1959.

KANNANGARA C S. From languishing dyslexia to thriving dyslexia: developing a new conceptual approach to working with dyslexia [J]. Frontier in Psychology, 2015, 6.

LANGER N, PEYSAKHOVICH B, ZUK J, et al. White matter alterations in infants at risk for developmental dyslexia [J]. Cerebral Cortex, 2017, 27(2): 1027—1036.

LIU L, WANG W, YOU W, LI Y, AWATI N, ZHAO X, et al. (2012). Similar alterations in brain function for phonological and semantic processing to visual characters in Chinese dyslexia [J]. Neuropsychologia, 2012, 50(9): 2224—2232.

LIVINGSTONE M S, ROSEN G D, DRISLANE F W, et al. Physiological and anatomical evidence for a magnocellular defect in developmental dyslexia [J]. Proceedings of the National Academy of Sciences of the United States of America, 1991, 88(18): 7943—7947.

LOVEGROVE W J, BOWLING A, BADCOCK D, et al. Specific reading-disability-differences in contrast sensitivity as a function of spatial-frequency [J]. Science, 1980, 210(4468): 439—440.

MORGAN W P. A case of congenital word blindness [J]. British Medical Journal, 1896, 2(1871):1378.

NICOLSON R I, FAWCETT A J, BERRY E L, et al. Association of abnormal cerebellar activation with motor learning difficulties in dyslexic adults [J]. Lancet, 1999, 353(9165): 1662—1667.

OLULADE O A, NAPOLIELLO E M, EDEN G F. Abnormal visual motion processing is not a cause of dyslexia [J]. Neuron, 2013, 79(1):180—190.

ORTON S T. Reading, writing and speech problems in children [M]. New York: Norton, 1937.

ORTON S T. Reading, writing, and speech problems in children and selected papers [M]. Texas: Pro. Ed, 1988.

PAULESU E, DEMONET J F, FAZIO F, et al. Dyslexia: cultural diversity and biological unity [J]. Science, 2001, 291(5511): 2165—2167.

PRICE C J .The functional anatomy of word comprehension and production [J]. Trends in Cognitive Sciences, 1997, 2: 281—288.

RAE C, LEE M A, DIXSON R M, et al. Metabolic abnormalities in developmental dyslexia detected by H-1 magnetic resonance spectroscopy [J].Lancet, 1998, 351: 1949—1852.

SIOK W T, PERFETTI C A, JIN Z, TAN L H. Biological abnormality of impaired reading is constrained by culture [J]. Nature, 2004, 431(7004):71—76.

SIOK W T, NIU Z, JIN Z, PERFETTI C A, TAN L H. A structural-functional basis for dyslexia in the cortex of Chinese readers [J]. Proceedings of the National Academy of Sciences of the United States of America, 2008, 105(14):5561—5566.

SIOK W T, SPINKS J A, JIN Z, et al. Developmental dyslexia is characterized by the co-existence of visuospatial and phonological disorders in Chinese children [J]. Current Biology, 2009, 19(19): R890—R892.

STEIN J, WALSH V. To see but not to read: the magnocellular theory of dyslexia [J]. Trends in Neurosciences, 1997, 20(4): 147—152.

STEVENSON H W, STIGLER J W, LUCKER G W, et al. Reading disabilities: the case of Chinese, Japanese, and English [J]. Child Development, 1982, 53(5):1164—1181.

STEVENSON J, GRAHAM P, FREDMAN G, et al. A twin study of genetic influences on reading and spelling ability and disability [J]. Journal of Child Psychology & Psychiatry & Allied Disciplines, 1987, 28(2): 229—247.

SU M, WANG J, MAURER U, ZHANG Y, LI J, MCBRIDE C, TARDIF T, LIU Y, SHU H. Gene-environment interaction on neural mechanisms of orthographic processing in Chinese children [J]. Journal of Neurolinguistics, 2015, 33: 172—186.

TALLAL P. Auditory temporal perception, phonics, and reading disabilities in children [J]. Brain and Language, 1980, 9(2): 182—198.

TAN L H, LAIRD A R, LI K, et al. Neuroanatomical correlates of phonological processing of Chinese characters and alphabetic words: A meta-analysis [J]. Human Brain Mapping, 2005, 25(1): 83—91.

TEMPLE E, POLDRACK R A, SALIDIS J, et al. Disrupted neural responses to phonological and orthographic processing in dyslexic children: an fMRI study [J]. Neuroreport, 2001, 12: 299—307.

WATSON J D G, MYERS R, FRACKOWIAK R S J, et al. Area V5 of the human brain: evidence from a combined study using positron emission tomography and magnetic resonance imaging [J]. Cerebral Cortex, 1993, 3: 79—94.

YANG X, MENG X. Dissociation of exact and approximate addition in developmental dyslexia [J]. Research in Developmental Disabilities, 2016, 56: 139—152.

ZHANG Y, LI J, SONG S, TARDIF T, BURMEISTER M, VILLAFUERTE S M, et al. Association of DCDC2 Polymorphisms with Normal Variations in Reading Abilities in a Chinese Population [J]. Plos One, 2016, 11(4): e0153603.

ZHANG Y, LI J, TARDIF T, BURMEISTER M, VILLAFUERTE S M, MCBRIDE-CHANG C, et al. Association of the DYX1C1 dyslexia susceptibility gene with orthography in the Chinese population [J]. Plos One, 2012, 7(9): e42969.

ZHOU W, XIA Z, BI Y, SHU H. Altered connectivity of the dorsal and ventral visual regions in dyslexic children: a resting-state fMRI study [J]. Frontiers in Human Neuroscience, 2015, 9, 495.

第二章
回头看看
奠定读写基础的四种早期能力

阅读是一种将空间排列的视觉符号转化成内部语音序列,并通过快速的实时语音、语义联结来获取信息的高级认知过程,其发展需要同时建立复杂字符结构与精细语音、抽象语义之间的双向映射。上述过程的建立和完善不仅仅局限于语音、语义、字形符号等语言学模块内部信息的形成和联结,也需要基本感知觉和注意等心理过程和心理机制的支持。纵观国内外关于阅读发展和阅读障碍的研究,视听知觉、语言发展、动作技能以及注意是经常报道的与儿童阅读技能发展有关的认知因素。本章将首先介绍我们在北京市进行的一项关于读写能力及其影响因素的调查研究；然后重点介绍上述四个方面的相关研究。需要特别指出的是，虽然我们没有用较多的篇幅介绍关于家庭阅读环境与儿童阅读发展关系的研究，但是家庭阅读环境确实是一个不可忽视的影响儿童阅读能力发展的重要环境因素。

我们在北京市各行政区选择了7所小学，调查了一、三、五年级，共2187名儿童的读写能力及相关因素。结果发现，儿童的读写能力可以分为5个方面，分别是：

（1）汉字意识：对汉字的视觉特征、结构有一定的了解，并对汉字结构与其读音、意义的联系有一定的意识。

（2）书面语意义理解：对字词、篇章意义的理解。例如，字在词中的意思（"无的放矢"中的"矢"是什么意思），文章想表达什么，词的意思，等等。

（3）书写技能：写字、抄写、画画的速度和质量，即书写的速度和流畅性以及写出的字是否容易辨认。例如，笔画要均匀，容易辨认，抄写速度快，等等。

（4）朗读和听写：汉字的朗读和听写能力。例如，听写时能辨别同音字；朗读流畅，不丢字、改字、串行；读字和写字时能够分辨字形相近的字。

（5）书面表达：用书面语表达自己的思想、观点的能力。例如，写作文。

该调查同时发现有 4 个因素与儿童读写技能发展有关，分别是：

（1）家庭阅读环境：家庭的阅读气氛以及家庭成员的语文水平。国外许多研究发现阅读障碍有家族性，这可能来自于遗传，也可能来自于环境。"儿童是模仿的天才"，在阅读方面，父母是否树立了榜样、是否营造了阅读氛围，对儿童的阅读习惯和阅读兴趣有重要影响。调查发现，家庭阅读环境与书面语意义理解、书写技能、朗读和听写、书面表达的相关系数分别是 0.60，0.46，0.51，0.48。

（2）口语能力：口头表达和理解能力。口语是儿童学习书面语的意义基础。调查发现，口语能力与书面语意义理解、书写技能、朗读和听写、书面表达的相关系数分别是 0.68，0.56，0.63，0.53。

（3）动作技能：儿童的精细动作技能和粗大动作技能与儿童读写技能发展有一定的关联，前者如"穿针引线"，后者如"跑、跳和球类运动"。我们只调查了粗大动作技能对读写发展水平的影响，结果发现粗大动作技能的确会在一定程度上影响儿童的书写技能。

（4）知觉能力：包括基本的视觉分辨、听觉分辨、语音分辨能力。在拼音文字国家，尤其是英语国家的研究发现，儿童阅读障碍与基本的视觉感知、听觉感知有关。这些研究认为儿童大脑中分管运动视觉的大细胞发育异常与阅读障碍有关，听觉神经发育异常也与阅读障碍有关。我们发现，儿童的知觉能力与书面语意义理解、书写技能、朗读和听写、书面表达的相关系数分别是 0.66、0.61、0.72、0.51。

下面我们就具体看看和阅读能力发展有关的早期基础。

耳聪目明：奠定感知觉基础

在日常生活中，我们用眼睛观察事物的形状、颜色、纹理、朝向和运动等，来了解事物的外部特征。眼睛将我们获取的事物的外部形象投射到视网膜上，再通过视神经将视觉信息传递到大脑的视觉皮层，对视觉信息进行进一步加工，由此我们"看"到了眼前的事物，并且了解了事物的特征、名字、意义等。眼睛帮助我们收集视觉信息，而耳朵则帮我们收集外界环境中的听觉信息。听觉有三项基本功能：探查声音、确定声源位置以及辨识这些声音。声音以声波的形式到达耳朵，声波先作用于位于耳朵内部的听觉感受器，不同频率、振幅的声音对感受器的作用结果不同，不同位置的声音到达感受器的时间也不同。这些声音特征的差异使得我们的听觉感受器产生了不同编码，不同的听觉编码通过听觉神经传递到大脑内部进行进一步加工，这样我们就听到了各种各样的声音，并能够对声音的细节加以区分。因此，视觉和听觉是我们认识世界的重要工具。而阅读——对文字的识别和理解——更需要精细的视觉和听觉技能的支持，对个体的视觉和听觉加工能力有较高的要求。

阅读的视觉和听觉基础

根据 2000 年美国国家阅读小组委员会的报告，熟练的阅读需要以下技能：语音意识、流畅性、词汇量和上下文理解。此外，快速自动化命名、对语言文字构词法的一般性理解和经验练习也对阅读能力的熟练掌握意义重大。学会阅读比学会说话困难得多，大多数儿童可以顺利地学会说话，但几年之后才开始发展的阅读能力却很难依靠儿童自己习得。在学话早期，儿童可以通过将听到的言语信息与指代物相联系来建立词物联结，进而学会发声来指代物体。但是在阅读时，儿童面对的不再是生活中的具体事物，而是抽象的语言文字符号。儿童需要会"看"，在视觉上能够区分不同文字符号之间的差异，寻找其潜藏的规则，还需要学会将文字符号的视觉外形和它的听觉发音以及意义对应起来，因此阅读这项复杂能力的习得，需要视觉、听觉的精细加工能力的参与。

大多数研究者认为阅读至少包含两个不同的过程：将字词作为一个整体进行加工识别以及对字词的构成部分进行分别加工与识别。学习生字的时候，我们先要学会字的外形构造，各个部分之间的关系，不同字的偏旁、部首的共同性以及用不同字组词的顺序，这些被称为"正字法"。而对"正字法"的分析，极大地需要视觉的参与——对字的结构形式进行初级视觉加工，再将视觉信息传递到大脑的高级中枢，以对信息进行进一步处理。对于已经熟练掌握阅读技能的成年人来说，我们在看到熟悉的汉字的同时，就能够快速地想到这个字的意思，而不需要对字词的各个组成部分进行拆分分析，这便是对字词的整体识别。但是当我们遇到不熟悉的汉字时，首先需要通过观察，将这个字分成不同部分，再努力将字形与它的发音和意思联系起来。与看到熟悉的字相比，识读生字用的时间更长。

发展性阅读障碍与视、听知觉加工能力缺陷

阅读是需要多种认知功能参与的复杂过程，有阅读障碍的人可能在编码、阅读速度、阅读流畅性或者阅读理解等多个方面存在困难。现有研究认为导致发展性阅读障碍

的可能原因主要有两个：语言学层次的加工缺陷（比如语音加工障碍、正字法障碍）以及来源于更基础的视觉、听觉能力发展不完善或损伤造成的非语言层次的加工缺陷。西方很多研究发现发展性阅读障碍者存在语音缺陷，这些缺陷可能源于更为一般的基本感觉缺陷，其中又包含视觉缺陷、听觉缺陷和运动缺陷。对以往研究的总结发现（隋雪，姜娜，钱丽，2009），在阅读障碍儿童中，视觉缺陷的发生率为29%，听觉缺陷的发生率为39%，运动缺陷的发生率为30%～50%。

视觉加工能力缺陷

阅读过程在视觉上涉及对单个字的整体和局部加工以及对字形结构的视觉记忆。由于汉字是在象形字基础上发展起来的一套表意符号系统，字形结构较为复杂，是不同的笔画、部件和结构组成的视觉空间模式，所以汉字字形的加工难度较大。另外，在学习汉字的过程中，形近字的区分也是汉字学习的难点，阅读障碍儿童在这方面的能力尤为薄弱。他们经常会错读、误读形近字，或在写字时将两个形近字混淆。阅读本身是个动态过程，在动态阅读过程中，对连续出现的汉字的动态加工需要快速视觉加工能力的参与。

大细胞理论认为阅读障碍者在视觉加工方面的缺陷主要源于大细胞功能的缺陷，大细胞是指大脑外侧膝状体中的两层大细胞，主要负责处理高时间频率、低空间频率的视觉信息。外侧膝状体是视觉信息从视网膜到达视觉皮层的中继站。大细胞功能缺陷导致视觉对比敏感度和动态视知觉敏感度下降，进而影响阅读障碍者在连续篇章阅读过程中迅速捕捉文字整体信息的能力，从而干扰了正常阅读，在快速阅读的情况下尤为明显。

儿童的视觉空间或视觉-动作整合能力缺陷还会使儿童的书写能力受损。图2.1展示的是一位受书写障碍困扰的儿童的作品。这名儿童在书写汉字时有精细动作和视觉-动作整合困难。精细动作困难导致他不能很好地控制汉字的笔画走向和汉字结构布局。由于手部小肌肉群的反馈和控制能力比较弱，我们可以看到，他用圆珠笔写字（第二行）比用铅笔写字（第一行）更难控制字的间隔，因为用圆珠笔写字比用铅笔写字更滑。视觉-动作整合能力缺陷使他不能自主地把握字间隔，依靠画好的格子可以帮助他控制字间隔（图2.1下部）。

书写困难儿童的作业

图 2.1 存在书写困难的儿童的作品

听觉加工能力缺陷

以 Tallal 等人为代表的研究团队提出了听觉快速时间加工缺陷理论。该理论指出，发展性阅读障碍者加工快速变化听觉信号的能力有损伤，以致无法精确地分辨进入听觉神经系统的快速、连续变化的声音信号，而这种精确、快速分辨声音信号能力的缺失在一定程度上影响了语音加工能力的发展，语音加工能力的发展滞后进而会导致整体言语能力和阅读能力的发展迟滞。Tallal（1980）采用声音时间顺序辨别任务发现，与没有阅读问题的被试相比，阅读障碍者很难分辨快速、连续呈现的两个声音刺激是否相同。单词起始辅音的共振峰转换通常短于40毫秒，比如辨别"ba""da"需要区分起始辅音，对于识别辅音"b"或者"d"至关重要的发音能量集中时间段不超过40毫秒（图2.2），后面元音"a"的声学特征是完全一样的，而且发音持续时间长。阅读障碍者的困难在于感知、区分起始辅音，他们很难区分如此短时间内的声音变化。因此，该组研究人员使用计算机软件将词汇的起始辅音拉长，比如拉长到95毫秒，来训练阅读障碍儿童，以使他们逐渐缩小与典型发展儿童之间的差距。

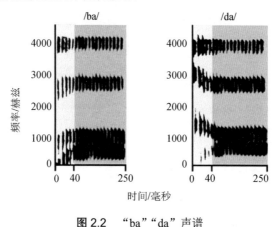

图2.2 "ba""da"声谱

当阅读障碍儿童的听觉系统逐渐适应了这个时间长度，再逐渐缩短时间，结果发现经过训练后，他们与典型发展儿童的表现差不多。

在对母语为中文的阅读障碍儿童进行的类似测试中，我们在纯音持续时间分辨测验中发现，能够正常阅读的儿童在两个纯音的持续时间平均差别为 80 毫秒的时候，能分辨出哪个声音持续时间更长。比如一个声音的持续时间是 500 毫秒，另一个声音持续 420 毫秒或者 580 毫秒，儿童能听出来这两个声音不一样长。而阅读障碍儿童大概需要两个声音持续时间差别达 138 毫秒才能分辨出两个声音不一样长（图 2.3）。而且，辨别阈限与儿童的识字量成绩呈显著的负相关关系，识字量越小，听觉辨别的成绩越差（图 2.4）。值得注意的是，经过 7 次训练（每次 30 分钟），阅读障碍儿童的辨别阈限能够下降到平均 68 毫秒；而没有参加训练的阅读障碍儿童，辨别阈限平均为 122 毫秒。

纯音持续时间分辨测验材料示例

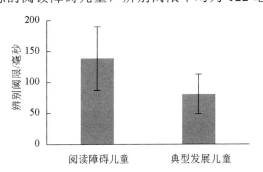

图 2.3 阅读障碍儿童和典型发展儿童的听觉辨别

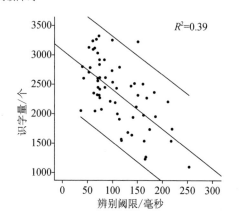

图 2.4　儿童识字量和听觉辨别阈限的相关图

另一个研究重点是检验阅读障碍者对听觉信号的频率变化的加工能力。有研究者认为,阅读障碍者阅读能力低是由其听觉频率辨别能力的缺陷造成的,而与听觉快速加工能力无关。有研究发现,言语重复、频率辨别任务的成绩与语音加工能力显著相关,而听觉快速时间判断任务与语音加工任务的成绩没有出现显著相关。此外,一些研究者还发现阅读障碍者从噪声背景中觉察非言语的目标声音有困难。

但是,并非所有研究都支持上述结果。由于阅读障碍群体内部存在很大的个体差异,阅读障碍产生的原因以及特点不尽相同,听觉快速时间加工能力的缺失可能只在某种类型的阅读障碍者中有所体现。

小结

要想成为熟练的阅读者,前提是拥有良好的视觉和听觉能力。良好的听觉能力使得儿童在早期语言学习时能区分言语和非言语声音(比如,大自然中的声音)。记忆和区分言语中的不同发音细节,是发展儿童语音意识、语音加工能力的必要环节,而良好的语音技能是儿童阅读发展的先决条件。

良好的视觉能力在语言发展早期帮助儿童对不同词汇声音对应的不同物体进行区分,在文字学习过程中能够帮助儿童对不同文字结构进行分析、记忆,发展文字的正字法意识,而正字法意识是汉字学习的基础。良好的视觉加工能力还能够使读者自动化地区分形近文字的细节差异。

在阅读学习过程中,听觉和视觉的协调发展帮助个体将相应的词汇、句子与发音相对应,并进一步理解词汇/句子的意义,从而学会阅读。因此,"耳聪目明"为阅读技能的顺利发展奠定了感知觉基础。不过,某些特殊情境下的阅读并不以"耳聪目明"为必要条件。比如,听障人士通过手语交流,盲人通过触摸盲文来阅读,通过进一步强化发展其他感知觉通道,也能够进行很好的阅读和交流,实现阅读的目的。

能说会道：口语发展的重要性

人类拥有独特的声道结构和灵活的口腔肌肉，这是语言能力发展的生理基础。在这一生理基础之上，我们可以发出各种各样复杂的声音。将各种不同的声音组合起来，并且赋予它们不同的意义，就会形成语言的基本单位。语言极大地方便了人与人之间的沟通以及信息和知识的传递。同时，语言也成为人类的思维工具，促进了人类认知、思维的发展。

信息的累积使得直接的语言交流逐渐变得无法满足人类经验积累的需求，由此，文字作为语言的物质载体开始出现。自文字出现以来，原本口口相传的信息可以通过文本流传，信息得以间接传播，人们可以通过阅读，超越时空的局限，获取异时异地的信息，通过文字进行跨越时间和空间的交流。

口语和书面语共用一个语音意义系统。口语学习是建立语音符号和概念之间的联系，书面语学习则是建立语音符号和视觉符号之间的联系。相比口语，书面语多了一套视觉符号系统，这套系统通过与语音系统的联结，利用口语中已经建立起来的语音和意义联系，获得意义。口语发展为书面语发展奠定了意义基础，词汇量的大小将影响未来阅读理解能力的发展。儿童通过口语发展语义系统的同时，构词法意识也得到了发展。如前所述，构词法意识对作为表意文字的中文的阅读学习和发展具有重要的价值。

另外，从语音能力发展的角度看，儿童在不断讲话的过程中，也在不停地练习和提高自己的发音能力。儿童的语音能力还包括对于不同声母、韵母、声调的感知和操作能力。已有研究证明，儿童的语音能力和儿童的阅读能力之间有着密切的关系，语音能力越好的儿童，阅读能力往往也越好。研究发现，阅读初学者看到文字时会自动使用大脑的前运动区帮助获取文字的发音信息。

儿童词汇量的丰富程度和儿童的阅读理解水平之间有着密切的关系，词汇量越丰富的儿童，阅读理解的速度和质量也越好。而在汉语中，很多词语都有不止一个含义（例如，"杜鹃"可以指一朵花，也可以指一种鸟）。成人在阅读过程中，遇到这样的词语，往往可以快速准确地挑选出适合当前语境的义项，但是这对于阅读经验尚少的儿童就显得困难重重。如果儿童能够在口语交际中多使用、多练习，那么对于词语不同义项的含义和使用的语境就会有更深的理解，不仅能够帮助儿童在说话时选择恰当的词语，也能够极大地提高儿童的阅读水平。

从语法的层面上来看,尽管有的研究者认为儿童的语法能力是一种先天的内在能力,由先天的语言获得机制决定,但也有研究者强调后天教育、环境因素在儿童语法能力发展中的重要作用。儿童有时会说出不符合语法规则的句子,有可能是没有掌握语法规则的适用范围,比如过度泛化语法规则(例如,想表达"多个"的含义时,在所有物体后面都加"们",错误地说出"杯子们""电脑们"这样的表述,而没有注意到"们"不能用在无生命物体的后面);也有可能是受到双语、第二语言或者方言的语法规则干扰,例如来自粤语区的儿童可能会说出"我给玩具你"(正确应为"我给你玩具"),而在中日双语环境下成长的儿童可能会说出"我妈妈喜欢"(正确应为"我喜欢妈妈")这样的句子,这都是受到了不同于汉语的语法规则干扰造成的。儿童在日常交流过程中逐渐习得符合特定语言环境的语言规则,一旦熟悉了语言中的语法规则,儿童就能更好地对结构复杂的文本进行解读(例如说明文、议论文),促进阅读能力的发展,提高阅读效能。精确的语法知识也可以帮助儿童积累更多的词汇量,增进阅读理解的速度。

上述几个方面都是从语言本身的层面入手,分析了口语和阅读的关系。也有研究者认为，儿童在口语交流过程中涉及的不止有语言层面的能力，还有很多其他方面的能力，如言语表达和监控的能力等，这些能力也可以在对话中得到提升，其中有的能力也是和阅读密切相关的。

当儿童开口说话时，他们需要事先准备好想要表达的主题，并且要在脑海中准备好想要表达的内容。能说会道的孩子，想法丰富，还能不断地阐述自己想要表达的意思，这对思维的灵活性和反应速度能够起到锻炼和提高的作用，有利于儿童在阅读过程中对文章整体概念进行快速且准确地把握。研究者已经发现，在幼儿园教学的过程中，如果教师的教学风格是鼓励儿童进行交互式问答对话或者主题演讲，那么儿童今后的阅读能力也会有很好的发展。

儿童在对话过程中，在保证说出的话准确无误的同时还需要考虑后续句子的语言如何组织，这就需要持续调动言语监控能力，这种能力从本质上讲是一种执行控制能力。研究发现，执行控制能力对于阅读也有着十分重要的作用，执行控制能力越强的儿童，阅读速度和效果越好，因为他们在阅读过程中既可以保证当下阅读的持续进行，又能不断地把新接收到的文字信息与之前读过的信息进行整合。因此，儿童在口语交际的过程中，可以不断地锻炼自身的执行控制功能，从而有效帮助阅读能力的提升。

在言语交流过程中，儿童并不只是充当说话者的角色，他们还具有听话者的身份。一个合格的听话者，应该对说话者的交流内容保持密切注意，同时排除周围环境的干扰。有的孩子在听成人说话时，一旦觉得不感兴趣就马上转身离开，或者很容易被别的事物转移注意力，这就对维持对话的进行很不利。如果儿童在生活中能够多和成人或者同龄人交流，能做一个优秀的听话者，对于他们提高注意力和抗干扰的能力是很有帮助的。研究发现，儿童的注意力和抗干扰能力对阅读能力发展至关重要，注意力越集中、抗干扰能力越强的儿童，往往阅读成绩也越好。因此，口语交际的练习可以提高儿童注意力保持的水平，可以帮助儿童抑制无关刺激的干扰，从而帮助提升阅读能力。

总之，儿童的口语能力和阅读能力之间有着千丝万缕的联系，重视儿童口语能力的发展，鼓励儿童多听多说，不仅可以帮助儿童获得更多的直接经验，还有助于提高儿童的阅读能力，使儿童能从书本中自主获得知识，促进各方面能力的发展。

研究一致发现，家庭早期语言和阅读环境与儿童的语言和阅读能力发展密切相关。来自美国的研究显示，生活在低社会经济地位家庭的儿童在 4 岁之前接触到的词汇总数比高社会经济地位家庭的儿童所接触的词汇总数少3000 万（Hart & Risley, 1995, 2003）。这种差异甚至在婴儿 18 个月的时候就表现出来了（Fernald et al., 2013）。低社会经济地位家庭的婴儿在 18 个月、24 个月的词汇测验中的反应速度显著慢于高社会经济地位家庭的同月龄婴儿，正确率也更低（图 2.5）。

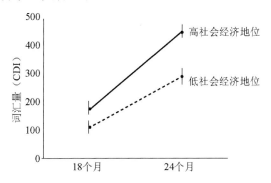

图 2.5 社会经济地位和婴儿词汇量的关系。纵坐标为词汇量，测量工具为 MacArthur-Bates 交流发展调查问卷（communicative development inventory, CDI）。图中同时呈现了每组被试的标准误差。

学术期刊 *American Psychologist* 中的一篇综述文章指出，婴儿前言语阶段（说出词汇之前）的姿势使用（比如，用手指东西的同时，眼睛看向同一个目标）和他未来的词汇发展有一定的关联（Goldin-Meadow et al., 2014）。在亲子互动过程中，高社会经济地位的家长与低社会经济地位的家长在姿势使用以及言语的质量方面没有显著差异，但是低社会经济地位的家长使用的词汇数量比较少，而父母言语输入的质量和数量都是预测儿童词汇发展的关键环境因素。此外，父母的言语输入还与儿童的数量、空间认知、抽象的相似关系等认知发展有关。Song等人（2015）的追踪研究发现，学前期儿童的词汇量存在很大差异，那些词汇量高的儿童，入学后一直保持高的发展势头。词汇量低的儿童中有一部分儿童入学后一直处于低的发展状态，另一部分儿童则从入学开始渐渐地脱离低词汇量的发展轨迹，慢慢地追赶上词汇量高的儿童（图2.6）。这些研究都说明环境因素在儿童语言和阅读发展中的重要作用。

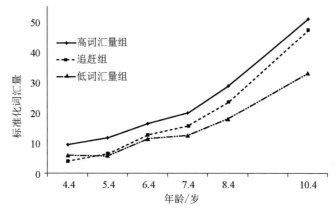

图2.6 三组儿童的词汇量发展轨迹

手脚灵活：早期动作技能训练

谈到动作技能与阅读等认知功能的关系，我们很容易地会想到一种说法——"头脑简单，四肢发达"，仿佛这两者的发展存在着不可调和的矛盾。假设某一个体在各方面都表现出色，人们又会自然地贴上"文武双全"的标签，并固执地将其割裂开来讨论。然而，事实上无论是牵动全身的粗大动作还是涉及手眼协调的精细技能，都在一定程度上直接或间接地影响着阅读能力的获得和发展。

首先，"粗大动作"是指对大型肌肉的运动控制，主要包括爬、站、走、跑、跳等。越来越多的研究者认为，动作技能的习得和成熟是后期知觉、认知、社交等能力发展的前提。追溯到婴幼儿时期，更早实现够取和爬行的宝宝会获得更多与外界进行互动的机会，从而快速地发展出对身边人、事、物的基本概念，并促进了他们的咿呀学语。而到了学前阶段，儿童就需要协调全身各个肌肉群，通过良好的平衡控制，来完成更加复杂的活动。其中，对双侧肢体的协同整合能力是儿童进行读写学习的基础。阅读时，他们必须一手维持书本的平衡，另一只手通过翻页和指读来帮助转移视线，实现对文字的追踪和记忆；而在写字时，这种双手的配合就变得更为重要，尤其是平时不太受重视的非利手，如果无法保持一定的稳定性，并根据利手的活动状态适当调整纸张位置，那么就会对流畅书写造成影响。由此可见，读写能力的习得离不开充分、灵活的身体协调。

其次，复杂的粗大动作的学习是一个内在更新和调节的过程，孩子收获的不仅仅是一套动作技能，更是学习能力的全面提升。为什么这样说呢？我们可以回忆一下自己学骑自行车的经历。骑行是一个眼、手、足、体相互协调的综合性运动，很难提炼出一两条简单的规则，因此我们必须密切关注自己在保持平衡过程中身体各个部分所给予的反馈，并逐渐发展出一系列自动化的调整策略。这种"体悟-提炼-修正"的动态学习能力对于包括阅读在内的各项高级认知功能的发展都具有深远的影响。以汉字结构的学习为例，如果儿童能通过阅读经验的不断丰富，渐渐琢磨出构字法中普遍存在的形音规则，那么他们就能在遇到生字时尝试从声旁推断读音、从形旁揣测字义，对生字的记忆也将更加迅速而牢固。

不仅如此，运动技能和阅读水平之间难舍难分的联系还体现在对时空信息的识别和驾驭上。正如足球运动员需要对皮球的落点和时机做出精确的预判，人们在学习文字符号时也离不开对笔画布局的细致把握以及在时间维度上对语音流和字符串的一一配准。尽管这些时空知觉能力非常隐蔽，但它们却对生活的方方面面产生了潜移默化的影响。那么我们应该如何提高自己在时空细节加工上的敏感性呢？体育运动是一种绝佳的办法，因为它是人与自然的直接交互，兼具物理规律的必然性和时局状态的偶然性，为人们对现有框架的实时刷新创造了条件。

图 2.7　精细动作控制技能影响书写表现

精细动作技能
影响书写表现

另一方面,"精细动作",尤其是手部抓握技能的高低似乎与读写能力的进步有着更为紧密的关联。可想而知,正确的握笔姿势是儿童书写顺畅的先决条件,而复杂如汉字的语言符号又无可避免地需要大量的抄写练习来帮助儿童进行学习巩固。有研究表明,汉语阅读的发展情况在很大程度上受到书写技能和经验的制约,因为像写字这样的肌肉动作不仅显示了儿童进行手部控制和视觉运动协调的本领,更主要的是反映了人对外界刺激加以精细感知、综合分析,并最终以动作形式加以存储和再现的能力。不知你是否也有这样的体验?当你一时想不起某个汉字长什么样时,你可能会下意识地拿起纸笔,试着去写一写。因为文字在成为一个个可供我们自由提取的独立符号之前,首先是反复抄写为我们留下的一段"手上"记忆。因此,灵巧熟练的执笔技能有助于我们饱读诗书、染翰成章。

除此之外,近年来的大量研究结果显示,儿童早期精细动作技能与注意、执行控制能力、智力等一般认知功能的发展息息相关。这是因为,复杂的精细动作通常涉及对有限认知资源的合理分配和持续的注意监控。那些精细动作能力较差的孩子在写字时,通常需要投入加倍的精力来控制手部肌肉，分散了原本应当投向理解、记忆等高级认知任务的注意力，进而使读写能力的发展受到阻碍。鉴于手是人类接触事物最为常见和直接的媒介，精细动作的发展不良会大大折损我们对外界刺激的加工效能和经验积累，干扰对问题的思考和解决过程。通过动作游戏改善手部精细动作技能，通过多感官综合信息刺激，推动注意、智力等认知机能联合发展，进而提高个体阅读能力的训练方式是改善阅读障碍的方法之一。

幼儿园孩子的涂色作品

最后，精细动作技能的发展还能够促进儿童的大脑发育，为阅读能力发展提供神经基础。精细动作主要依赖小脑和大脑前额叶，前者与运动协调、空间视觉、技能学习有关，而后者则为语言、记忆等高级认知功能服务。在儿童学习实践精细动作的过程中，其脑区间的白质纤维连接显著增加，这会令某个特定的动作愈发熟练，也使大脑各部分之间的信息沟通愈发高效，为新技能的学习增添优势。如今，运动员、音乐家等在某项动作技能领域有特长的群体中已产生了多项实验证据，证明大脑具有可塑性和发展的潜力。

综上所述，无论是粗大还是精细动作，这些看似与阅读能力相去甚远的技能，实则与其具有千丝万缕的联系。

手脚灵活既是儿童口齿伶俐的基础，又是他们满腹经纶、妙笔生花的前提；它既让人耳聪目明，敏感地捕捉外界的时空信息，又从根本上教人勤思善悟，全面地提高个体的学习能力；它不仅能单刀直入，为读写操作直接提供动作式的记忆存储，还可多管齐下，通过对多项认知能力和大脑功能的塑造来间接地改善阅读效率。

聚精会神：养成专注品质

注意是心理活动的闸门，进入这个闸门的事物能得到有意识的处理，没有进入的则不能得到有意识的加工，甚至会被直接忽视。注意作为心理活动的调节机制受到了心理学家和认知神经科学家的广泛关注。

笼统地讲，注意是对目标的指向和集中，体现出选择性和持续性两大特点。

注意的选择性是指注意根据心理活动的目的指向特定的目标，体现出心理加工活动的主动性，也称为有意注意。而由注意对象的特点捕捉和引导的注意通常被称为无意注意，比如安静的图书馆中大家都在看书，突然一声巨响，一定会吸引所有人的注意，或者人们常说的"万绿丛中一点红"，绿色背景中的这点"红"就非常容易捕获人们的注意。这些就是由刺激特点驱动的无意注意。婴儿刚出生的时候，以无意注意为主，比如声音、颜色、静止背景上的移动物体都会吸引婴儿的注意。随着年龄的增长和经验的积累，注意的选择性逐渐发展。

注意的持续性是指将注意集中在需要关注的事物上，并维持一定的时间。婴儿期，大脑皮层负责控制能力的区域还没有发育成熟，注意持续时间短，容易受到外界刺激的吸引而转移注意力。随着年龄的增长和大脑发育的成熟，儿童的注意持续时间越来越长，这就为学习奠定了基础。

阅读过程既受到无意注意的引导，也受到有意注意的调节。当你打开一本书的时候，书中鲜艳的插图、粗体标题、不一样的字体一下子就会吸引你的注意。这是无意注意过程（自动注意），它主要受到阅读材料本身特点的影响。要想了解书的内容，需要有意注意过程的参与，把注意集中在要阅读的内容上，通过聚焦注意范围，把注意集中到特定内容上，并将无关信息的干扰降到最低程度。从这个角度上讲，选择性注意或者有意注意伴随了有效阅读的全部过程。

除了选择性注意，持续注意、注意控制、注意转换都是支持高效阅读过程的有意注意成分。选择性注意保证读者根据阅读的目标将注意集中在文字内容上，持续注意和注意控制能使注意维持足够长的时间，并避免分心信息的干扰。注意转换是从一个注意焦点转移到下一个焦点的过程。在阅读过程中，句子和篇章水平的阅读加工过程远比单个汉字和词汇的识别复杂，相应的注意过程也需要从一个阅读单位转换到另一个阅读单位。举个例子，请执行以下这项任务：

在下面呈现的这些数字中，请尽可能快地用笔划掉数字"3"。

8 5 7 1 9 8 4 9 2 7 4 7 5 5
8 1 2 9 8 0 2 7 3 6 8 4 7
7 1 2 8 6 9 3 8 0 2 9 6 4 2
7 9 4 6 7 3 2 0 4 1 0 4 5 2
8 7 9 3 5 2 8 1 8 9 2 8 0 6 7
0 5 6 2 3 7 8 2 4 7 3 5 8 9 1
7 3 5 5 7 9 7 6 3 2 7 6 4 2
8 2 6 1 5 4 8 2 0 5 4 2 5 6

在划数字的过程中，注意集中在寻找数字"3"，这就是注意的选择性；控制注意过程不受其他数字的干扰，这就是注意的控制；从头到尾完成这个任务，需要在一段时间内把注意维持在集中寻找数字"3"，这就是持续注意；如果第二个任务是划掉数字"3"前面的数字，第三个任务是划掉数字"3"前面的"7"，就发生了注意转换。

早期关注阅读障碍注意缺陷的研究者 Hari 提出了注意转换消退理论（sluggish attention shifting），认为阅读障碍者的注意缺陷表现为不能有效地处理快速呈现的刺激序列，这一问题反映了注意转换能力的不足（Hari & Renvall，2001）。阅读障碍者的视觉和听觉通道都存在注意转换衰退，主要体现为对每个信息的加工时间延长（attentional dwell time）。Hari（1996）通过听觉跳跃错觉（auditory saltation illusion）任务，以成年人为被试，比较了阅读障碍者和普通读者的序列信息快速加工能力。听觉跳跃错觉任务通过控制声音在左、右耳呈现的时间间隔造成声音从一个耳朵发出，跳过头部中线，转移到另外一个耳朵的跳跃感觉。结果发现，阅读障碍者需要两倍于同龄人的时间才会出现类似的听觉跳跃错觉。同样地，Helenius（1999）发现，阅读障碍者对听觉频率的序列加工存在类似的注意延迟现象。在实验中，两个频率不同的听觉刺激（一个为高频，一个为低频）分别在左、右耳呈现，每次在一只耳朵只呈现一个刺激，接下来在另外一只耳朵呈现另一个刺激，如此交替进行。如果刺激之间的时间间隔足够长的话，被试听到的是一个连续的"高-低-高-低"的刺激序列，当刺激之间的间隔足够短时，被试会分别听到两个独立的频率高低不同的刺激序列，这就是听觉分离现象。实验结果发现，阅读障碍者同样需要两倍于同龄人的时间才会出现听觉分离。

阅读障碍者在听觉刺激序列加工中的时间延迟现象同样存在于视觉信息加工中。Hari 等人（1999）利用注意瞬脱（attention blink）现象研究阅读障碍个体视觉中的注意延迟。注意瞬脱是指在快速系列呈现刺激的情况下，对某个刺激的准确识别会影响后面特定时间间隔（一般为 500 毫秒以内）的刺激识别。在快速呈现字母序列的任务中，控制组被试大约在 540 毫秒之后可以侦察到目标刺激是否出现，但是阅读障碍者需要在 700 毫秒后才可以做出准确报告。研究者认为这是由于阅读障碍者在快速序列信息间不能进行有效切换，注意时间延迟会降低对快速时间序列信息的加工速度。

研究者还提出阅读障碍者存在选择性注意缺陷，具体表现在两个方面。首先是对目标刺激的选择性注意能力降低。许多研究报告了阅读障碍儿童难以完成系列搜索任务。其次是不能有效地屏蔽无关刺激的干扰。Facoetti 等人（2000）发现，阅读障碍儿童不能有效地维持注意焦点，而这项功能对于有效处理视觉信息是至关重要的。研究者进而指出，阅读障碍者的注意缺陷的表现之一就是在整体背景中不能有效地加工局部特征；在阅读上，这体现为不能过滤视野中的无关或干扰信息，不能把注意力集中在关键信息上。

对于选择性注意的空间分布，阅读障碍儿童与典型发展儿童也存在显著差异。Facoetti 等人（2001）比较了阅读障碍者和控制组被试在视觉注意空间分配上的差异。一个目标刺激出现在屏幕的不同位置处，与屏幕中心的距离分别为 3°、6° 或者 9° 视角，要求被试快速判断刺激是否出现。结果发现，首先，阅读障碍者在左视野的反应时显著地长于右视野，这似乎暗示阅读障碍者的注意缺陷发生在右侧顶叶皮层。其次，控制组被试的空间注意在左右视野对称分布，判断反应时与刺激视角大小成正比，而阅读障碍者的空间注意存在不对称分布，在左视野中，判断反应时与视角大小成正比，而在右视野中，对不同视角的刺激的反应时间没有显著差异。研究者认为，这是阅读障碍者注意空间分配异常的另一个表现，即"右视野过度干扰"（right over-distractibility）。

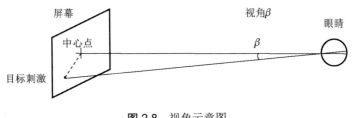

图 2.8 视角示意图

Franceschini 等人（2012）研究发现儿童学前期的视觉空间注意功能对未来的阅读能力获得和发展具有预测作用。他们还发现通过动作游戏训练提升注意力之后，这种提升效果可以迁移到阅读能力中（Franceschini et al., 2013）。

中文阅读的研究也发现，注意力对汉字和篇章阅读都有显著的解释作用。杨秀杰（2016）的追踪研究发现，幼儿时期的持续注意能力对一年级儿童的阅读理解成绩有显著预测作用。曾飚（2002）、林欧（2013）和艾锋（2015）则发现视觉空间选择性注意可能是知觉加工和阅读加工的桥梁和中介因素。

这些注意缺陷可能与大脑视觉通路中的大细胞通路缺

陷有关。从神经基础角度来说，视觉区向后顶叶皮层发放大量投射，后顶叶皮层对于眼动控制、选择性注意和边缘视野加工有非常重要的作用，这些功能对阅读过程来说都是非常重要的。脑功能成像研究发现，后顶叶皮层在阅读障碍者身上表现出与语言有关的异常活动。Gori 等人（2016）最近的研究发现，与同龄的典型发展儿童和低年龄的阅读水平控制组儿童相比，阅读障碍儿童在大细胞通路功能中的运动知觉能力方面显著受损。儿童学前期的运动知觉能力可以预测未来的阅读能力发展。另外，以改善大细胞通路功能为目的的运动知觉训练可以显著提升阅读障碍者的阅读技能。

参考文献

艾锋. 汉语发展性阅读障碍儿童的知觉学习训练[D]. 北京：北京大学，2015.

林欧，王正科，孟祥芝. 汉语发展性阅读障碍儿童的视知觉学习[J]. 心理学报，2013, 45(7): 762—772.

隋雪，姜娜，钱丽. 发展性阅读障碍的认知加工缺陷及其神经机制理论[J]. 心理科学，2009, 32(5): 1162—1165.

杨秀杰. 领域一般性因素对中文初学者阅读获得的预测：领域特异性因素的中介作用[D]. 北京：北京大学, 2016.

曾飚. 儿童汉字阅读、视知觉和注意[D]. 北京：北京大学，2002.

FACOETTI A, MOLTENI M. The gradient of visual attention in

developmental dyslexia [J]. Neuropsychologia, 2001, 39: 352—357.

FACOETTI A, PAGANONI P, TURATTO M. Visual-spatial attention in developmental dyslexia [J]. Cortex, 2000, 36: 109—123.

FERNALD A, MARCHMAN V A, WEISLEDER A. SES differences in language processing skill and vocabulary are evident at 18 months [J]. Developmental Science, 2013, 16(2): 234.

FRANCESCHINI S, GORI S, RUFFINO M, et al. A causal link between visual spatial attention and reading acquisition [J]. Current Biology, 2012, 22(9): 814—819.

FRANCESCHINI S, GORI S, RUFFINO M, et al. Action video games make dyslexic children read better [J]. Current Biology, 2013, 23(6): 462—466.

GOLDIN-MEADOW S, LEVINE S C, HEDGES L V, et al. New evidence about language and cognitive development based on a longitudinal study: hypotheses for intervention [J]. American Psychologist, 2014, 69(6): 588—599.

GORI S, SEITZ A R, RONCONI L, et al. Multiple causal links between magnocellular-dorsal pathway deficit and developmental dyslexia [J]. Cerebral Cortex, 2016, 26(11): 4356—4369.

HARI R, KIESILA P. Deficit of temporal auditory processing in dyslexia adults [J]. Neuroscience Letters, 1996, 205: 138—140.

HARI R, RENVALL H. Impaired processing of rapid stimulus sequences in dyslexia [J]. Trends in Cognitive Sciences, 2001, 5(12):525—532.

HARI R, VALTA M, UUTELA K. Prolonged attentional dwell time in dyslexia adults [J]. Neuroscience Letters, 1999, 271: 202—204.

HART B, RISLEY T R. Meaningful differences in the everyday lives of American children [M]. Baltimore, MD: Brookes Publishing, 1995.

HART B, RISLEY T R. The early catastrophe: the 30 million word gap by age

3 [J]. American Educator, 2003, 27(1): 71—72.

HELENIUS P, UUTELA K, HARI R. Auditory stream segragation in dyslexic adults [J]. Brain, 1999, 122: 907—913

SONG S, SU M, KANG C, et al. Tracing children's vocabulary development from preschool through the school-age years: an 8-year longitudinal study [J]. Developmental Science, 2015, 18(1): 119.

TALLAL P. Auditory perception, phonics and reading disabilities in children [J]. Brain & Language, 1980, 9(2):182—198.

第三章
如何是好
走出阅读障碍迷宫五部曲

测试：剖析阅读技能和认知特点

阅读障碍的评估和鉴别需要由专业人员主持进行。专业评估包括了解儿童的基本情况，比如早期发育过程、语言发展情况、早期语言和阅读环境因素、学校学业发展状况。之后进行测验评估，检测儿童一般认知能力发展情况、阅读能力发展水平以及正字法意识、语音意识、构词法意识等认知技能。如果儿童有正常的阅读教育机会和阅读发

DSM-5特定学习障碍

展环境,有足够的学习动机,没有其他外显的神经创伤,在标准化的阅读测验上阅读成绩低于年龄常模 1.5 个标准差,即可被认定为存在阅读障碍。

鉴别之后,还需要了解该儿童阅读障碍的具体特点,即其阅读障碍具体出现在哪些方面,可能的原因是什么。粗略地举个例子,是识字问题,还是理解问题;这些问题是否有其他认知原因,比如短时记忆问题、注意问题等。虽然说不同儿童的阅读障碍有共同的问题,但是这些问题在每个儿童身上的表现和原因都不完全相同,因此,阅读障碍的评估和干预需要遵循个体化原则。

进行专业评估之前,家长可以先通过简单的观察和初步的问卷,了解孩子的基本表现。

简单的观察

儿童从获得文字意识到学会写字,从认识汉字到流利阅读,需要很多认知能力的支持。既然阅读能力的发展需要多种认知能力的支持,儿童出现阅读障碍一定会有一些先兆,在上学之前就显现出来。如果家长细心观察,尽早发现这些征兆,并有针对性地进行一些干预,将对阅读障碍早期预防起到很大的作用。根据理论篇对阅读技能发展的早期基础的描述，家长可以注意观察儿童是否能分清左右，注意力是否集中，动作是否协调，精细动作（比如穿珠子、用筷子、画线等）是否准确，是否喜欢听故事、看书，等等。上学后，留意孩子学习拼音、汉字是否能跟上学校的进度，书写和认识汉字的时候能否把握汉字的整体结构并区分细节，是否经常抱怨记不住字怎么写。

要特别强调的是，即使家长认为自己的孩子确实在以上提到的这些方面表现不佳，也还是需要谨慎地做出判断，不要轻易地给自己的孩子戴上"阅读障碍"的帽子，需要具体问题具体分析，要仔细地排除其他原因的干扰。比如是否因为学习次数少，需要更多的重复和练习，还是文字学习能力有问题。如果是前者，只要给予足够的重复训练就能够提高成绩。如果是后者，即使进行了多次重复也难以提高学习成绩，这个时候还需要进一步评估是需要进行学习方法上的改进，还是学习能力的训练。

初步的问卷

表 3.1 展示的是一个简单的初步评估问卷（节选）。

表 3.1 初步评估问卷（节选）

项目	完全不符合	不符合	符合	比较符合	特别符合
1．喜欢听别人读故事，不喜欢自己去读。	1	2	3	4	5
2．把老师的口头指令写下来存在困难。	1	2	3	4	5
3．读一篇文章需要的时间比别人长。	1	2	3	4	5
4．朗读课文时总是丢字、改字、串行。	1	2	3	4	5
5．经常混淆字形相近的字。	1	2	3	4	5
6．经常忘记一个学过的字应该怎样写。	1	2	3	4	5
7．不会写作文。	1	2	3	4	5
8．听写时总做得不好。	1	2	3	4	5
9．不喜欢阅读。	1	2	3	4	5

注：引自孟祥芝（2000）的博士毕业论文《汉语发展性阅读障碍儿童的汉字表征与加工》。

通过这个问卷可以从整体上初步了解儿童在阅读上是否有问题以及在哪些方面有问题。需要指出的是，这些问题只是涉及表面的任务领域和现象表现，比如写字、作文等。专业的评估和有效的干预还需要对有困难的领域进行细致的分析，找出儿童具体有缺陷的认知加工过程是什么。

详细的评估

根据阅读障碍的定义和目前在世界范围内普遍认可的操作定义方法，阅读障碍的评估通常遵循不一致定义和低成就定义两种方法。不一致定义是指儿童的阅读成绩低于其智商所预测的水平；低成就定义是指儿童的阅读成绩落后于其年龄和年级所对应的水平。根据不一致定义，如果一名儿童的智商处于平均水平或者高于平均水平，根据智力水平预测，其阅读成绩应该是平均水平或者高于平均水平，但是实际阅读成绩却严重低于（一般以低于 1.5 个标准差为标准）预测水平，则可能存在阅读障碍问题。根据低成就定义，如果一名儿童是四年级的学生，但其在标准化阅读测验上表现出来的阅读成绩为小学二年级水平，同时该名儿童智商正常，又有同等的受教育机会，经过专业人员的评估后，才可以考虑阅读障碍的诊断。

从上述阅读障碍的操作定义可以推见，阅读障碍的评估，需要同时进行智商评定和阅读评定。为了详细了解与阅读情况相关的认知功能，以便找到导致阅读障碍的原因和阅读训练的关键点，还需要进行语音技能、构词法技能、正字法技能、快速命名、视觉技能、注意能力和工作记忆等各项认知能力的测查。所以,阅读障碍的评估过程是一项专业性极强的工作,需要由具有相关学术背景和实践经验的专业人员操作。

下面我们通过两个案例直观了解评估内容以及如何把各项评估内容放在一起分析儿童的阅读发展情况,即绘制儿童阅读能力发展剖面图,剖面图中使用的测验分数都经过了标准化,可以代表儿童在其年龄群中所处的位置。通过剖面图中各项测验的对比,我们可以看出儿童各项认知能力的发展状况(强项、弱项)以及各项测验之间的可能关系。

【案例1】

小点,女孩,在美国出生。回国后入读小学一年级,到三年级的时候,家长发现小点的语文成绩不理想。综合测试发现,她在非言语智力测验——瑞文标准推理测验——上的得分是140分,属于同龄人前1%水平,智商超常。但她的汉字识字量只有1449个,处于同龄人的末端22%水平,阅读流畅性和语音意识(对语音的操纵)均高于90%的同龄人。从这些测验结果绘制的剖面图(图3.1)中可以很明确地看出,小点的主要问题是识字少,但语音技能和基本阅读理解能力都非常好。具体分析识字量测验发现，她一方面认字比较少，另外有些认识的字不会组词。究其原因，小点从小在美国生活，汉语口语词汇量积累得少，当她学习汉字的时候，不能很快地建立字形、发音与意义的连接。比如，她认出来"斗"读作"dòu"，但是不知道是什么意思，组词的时候组出"斗斗"。针对小点这种情况，一方面要阅读大量的中文读物，扩大词汇量，由于她识字有限，可以跟着家长朗读和自我阅读两个方法同时进行。另一方面，从汉字构成入手，加强汉字字形、字音和字义之间的联系，以增加识字量。

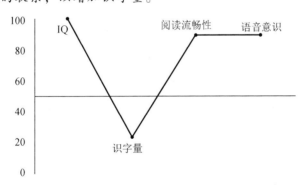

图 3.1　小点的认知能力剖面图（纵坐标为百分位数等级）

【案例 2】

小普，男孩，小学四年级。他的瑞文测验得分是 133

分，处于同龄儿童的前 1% 水平，属于智商超常。但是，识字量测验得分只有 804 个字。相当于小学二年级第二个月的识字水平。与上面小点的表现不同的是，小普的口语词汇量远远大于他能够认识的字和词。但小普的阅读流畅性和语音意识技能均低于同龄儿童平均等级（图 3.2）。针对小普的情况，除了从汉字构成进行汉字形、音、义联结训练外，还需要进行语音技能和阅读速度方面的强化训练。

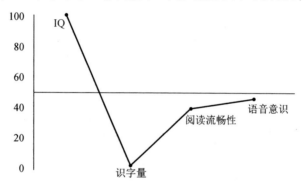

图 3.2　小普的认知能力剖面图（纵坐标为百分位数等级）

具体的测试

智商评定

鉴别阅读障碍是否要评定智商，这在阅读障碍的研究领域一直是个有争议的问题。有些学者认为阅读有困难伴随智商低的儿童可以归为一般学习困难,而不是单纯的阅读障碍,因此要进行智商评定。有些学者认为无论智商高低,只要在阅读上有困难,其特点和表现都是一样的,因此不需要区分智商是否落后。脑成像研究发现,无论儿童智商高低,阅读障碍者在阅读任务中的大脑机制是一样的(Tanaka et al., 2011)。在实际的评估过程中,通常会通过智力测验,了解儿童一般认知能力的发展状况。

通常,研究者使用瑞文推理测验和韦氏智力测验进行智力评估。前者是非言语推理测验,主要利用图形的方式进行推理(图 3.3)。

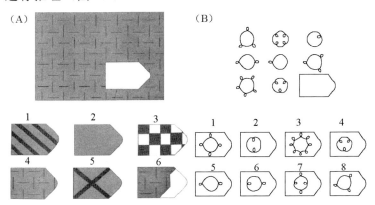

图 3.3 瑞文推理测验举例。(A)组,上面的大图缺少一块,根据其规律,从下面备选的小图中选出一个合适的,可以完好地弥补上面的缺口。(B)组是根据上面图形中的图形排列的变化规律,从下面的选择项中选出一个合乎变化规律的图形。

韦氏智力测验（WIS-IV）包括四个部分，分别是言语理解、知觉推理、工作记忆和加工速度。四项分测验指数合并成总智力商数。该测验有幼儿版、儿童版、成人版。

瑞文推理测验和韦氏智力测验需要由专业人员操作进行测量，测量之后根据得到的分数，查询受测者年龄常模，得到该受测者的智商。比如，小点的出生日期是 2006 年 6 月 19 日，测试日期是 2014 年 10 月 25 日，实际年龄是 8 岁 4 个月零 6 天。她在瑞文测验上答对 61 题，根据实际年龄，查询该年龄常模发现，该分数对应的标准分为 140 分。

阅读评定

阅读评定涉及对单个汉字的识别、阅读速度和阅读理解的测查。正确评估儿童的阅读能力水平，需要有标准化的阅读测验，还有可以参照的不同年龄的常模标准。

- 王孝玲和陶保平识字测验

我国正式出版的、信效度良好的、有全国常模的标准化中文阅读测验还没有见诸使用。在过去将近 20 年的时间里，研究者通常使用 1996 年上海教育出版社出版的由王孝玲和陶保平编著的《小学生识字量测试题库及评价量表》。该量表包含小学一至五年级的生字库，并以上海市小学生为被试，建立了各个年级儿童识字量的标准常模。该评价量表中每个年级的测验都是通过"用给定汉字组词"的方式完成,一方面是因为汉字中有很多同音字,组词可以看出儿童是否了解某个汉字的读音和确切字义。另一方面,用组词的方法在学校里可以进行集体测试,提高测试效率。每个年级根据汉字的使用频率和学习的年级有若干套测验,每套测验有十组字,每组字的难易程度不同,因此,每组字代表的权重系数不一样。根据每组字正确组词的个数乘以相应的权重系数,计算出总识字量。下面是三年级的测试举例。

指导语

1. 请按顺序给下列汉字组词,并将所组的词填写在每个汉字右边的横线上。

例如,大　<u>伟大</u>　　学　<u>学习</u>

2. 对难以组词的字,可填写包括这个字的句子。

例如,吗　<u>还有吗</u>　　都　<u>我们都来了</u>

3. 请独立完成,不要看书、查字典、互相讨论。

第一组

批 _____　议 _____　荣 _____　雷 _____

入 _____　检 _____　单 _____　决 _____

目 _____ 鼓 _____ 神 _____ 粮 _____

具 _____ 意 _____ 粉 _____ 觉 _____

绿 _____ 服 _____

第二组

勤 _____ 戴 _____ 蜂 _____ 费 _____

蜜 _____ 致 _____ 伍 _____ 藏 _____

串 _____ 麻 _____ 烂 _____ 察 _____

较 _____ 降 _____ 续 _____ 箱 _____

封 _____ 缺 _____ 偷 _____ 区 _____

杂 _____ 摆 _____ 随 _____ 简 _____

抓 _____ 茶 _____

第三组

汁 _____ 饼 _____ 润 _____ 锅 _____

梁 _____ 旱 _____ 朗 _____ 拾 _____

吵 _____ 骆 _____ 柳 _____ 毕 _____

杨 _____ 沟 _____ 铅 _____ 钓 _____

梅 _____ 录 _____ 羽 _____ 巴 _____

剧 _____ 刷 _____ 扑 _____

第四组

糕 _____ 册 _____ 咐 _____ 曹 _____

签 _____ 竞 _____ 隐 _____ 鬼 _____

蝴 _____ 筑 _____ 踢 _____ 耕 _____
忆 _____ 鹅 _____ 眨 _____ 笨 _____
厘 _____ 亿 _____ 躲 _____ 雾 _____
联 _____ 阔 _____

第五组

撞 _____ 宇 _____ 赞 _____ 渴 _____
掀 _____ 粪 _____ 幕 _____ 缝 _____
舍 _____ 耍 _____ 蒙 _____ 烦 _____
朱 _____ 筝 _____ 雁 _____ 蚋 _____
承 _____ 尚 _____ 忠 _____ 鸣 _____
枯 _____ 厌 _____ 眯 _____

第六组

叠 _____ 梢 _____ 趴 _____ 嫂 _____
腊 _____ 馒 _____ 捷 _____ 裤 _____
圾 _____ 腹 _____ 喇 _____ 挨 _____
楞 _____ 葱 _____ 唐 _____ 宣 _____
褐 _____ 逢 _____ 缠 _____

第七组

群 _____ 鞠 _____ 筷 _____ 蝠 _____
壹 _____ 企 _____ 鲸 _____ 即 _____
帐 _____ 墓 _____ 漠 _____ 菠 _____

辈 _____ 桐 _____ 核 _____ 博 _____

臭 _____ 淹 _____

第八组

诀 _____ 莉 _____ 唇 _____ 径 _____

摩 _____ 届 _____ 侧 _____ 荔 _____

鹏 _____ 殿 _____ 污 _____ 悟 _____

凭 _____ 檬 _____ 限 _____ 驶 _____

袍 _____ 礁 _____ 盐 _____ 跌 _____

第九组

缘 _____ 侍 _____ 诞 _____ 嘿 _____

铲 _____ 皿 _____ 蛤 _____ 杜 _____

宅 _____ 跺 _____ 钳 _____ 彻 _____

促 _____ 凯 _____ 戒 _____ 拱 _____

乳 _____ 署 _____ 郎 _____ 纵 _____

咖 _____ 厕 _____

第十组

邦 _____ 驰 _____ 蔽 _____ 拧 _____

搀 _____ 丧 _____ 熄 _____ 尉 _____

惨 _____ 沸 _____ 劈 _____ 韭 _____

佣 _____ 辟 _____ 拐 _____

根据教育部印发的《义务教育：语文课程标准（2011年版）》，小学 5～6 年级要达到"具有较强的独立识字能力，累积认识常用汉字 3000 个左右，其中 2500 个会写"（小学 1～2 年级要求认识常用汉字 1600 个左右，其中 800 个左右会写；3～4 年级要求累积认识常用汉字 2500 个左右，其中 1600 个左右会写）。小学各年级的识字编排符合汉字的基本频率分布，并且在各地使用的教材也基本遵循这样的频率分布，利用该评价量表得出的测试结果基本可以反映儿童的识字情况。但是，随着时代的变迁，儿童的学习能力逐渐增强，这一于 20 世纪 90 年代建立的常模已无法正确反映各个年龄段儿童的识字量。孟祥芝实验室在过去 20 年的测试过程中，以该识字量题库为基础，形成了北京市不同年级儿童的参考常模。需要注意的是，单单进行汉字阅读或者文章阅读理解测验并不能评定儿童的阅读能力水平，必须有标准化的常模才能进行评定。就好像用尺子量了一下 6 岁孩子的身高是 120 厘米，只有知道 6 岁儿童的平均身高以及 6 岁儿童身高的范围，才能评定 120 厘米的身高是否达标。

我国研究者根据研究需要，编制和发展了一些汉语儿童阅读能力和阅读障碍的筛选测验，北京师范大学舒华教授课题组编制了汉语小学儿童 150 字测验，并配有北京市不同年级儿童的常模。

文字解码和语言理解是阅读理解的基础，实时阅读理解还需要一定的阅读流畅性和文字识别速度。阅读障碍者不仅识字量少，认字和阅读汉字的速度也比同龄人慢。为了综合评估阅读障碍儿童单字和篇章阅读正确率和阅读流畅性，孟祥芝实验室研制了一套包括汉字识别正确率和识别速度，以及文章阅读速度和理解水平的小学生阅读水平评估测验。该测验不仅提供了每项分测验指标的标准分数和百分等级，还提供了发展分数，用以表示对应结果的年级当量，即该结果相当于几年级的发展水平。最后，将每个学生的标准分数的总分转换为平均值为 100、标准差为 15 的合成分数，就得到了小学生阅读能力总分的标准分数，即阅读商数（reading quotient，RQ）。RQ 在 90~110 之间为典型发展水平，110~120 为中等偏上水平，120 以上为优秀；低于 90 为有待提高，需要适当干预。

- 快速阅读理解测验

为了评价儿童的基本阅读理解能力和阅读速度，孟祥芝于 2016 年编制了句图匹配测验。该测验要求儿童阅读句子，并从四幅图片中选择一幅与句子意思一致的图片。测验共有 101 个句子，由短至长排列，均采用高频汉字和汉语常用句式,目的在于检测和锻炼儿童的快速字词识别和阅读理解能力,即阅读流畅性。

我们发现小学生阅读流畅性有两次飞跃式发展,一次是三年级,一次是五年级。三、四年级儿童的整体阅读速度高于一、二年级,五、六年级高于三、四年级。

阅读流畅性是阅读理解能力的重要组成部分。儿童掌握一定数量的汉字后,有了基本的文字认知技能,阅读流畅性便成为限制儿童阅读理解能力发展的重要因素之一。尤其对于小学中、高年级儿童,有了基本的识字量,流畅阅读为其自如、深入思考阅读内容和意义提供了认知空间和资源。

Q1. 下雨了。

Q38. 公园长椅上有个小朋友在吹气球。

Q43. 一阵大风吹过，树上的叶子掉下来好多片，楼下的自行车也倒了好几辆。

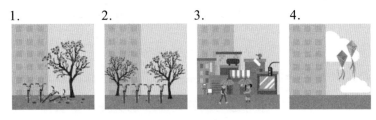

图 3.4　快速阅读理解测验例题示意

认知能力评定

认知能力评定的目的是找到与阅读困难相关联的具体认知过程是什么，或者相关认知缺陷有哪些。结合阅读障碍的相关缺陷，研究者通常会对阅读障碍者进行如下几项测验。

- 正字法意识测试

正字法意识是指关于文字构成规则的意识。我们通常使用真字、假字、非字测试儿童的正字法意识。真字是实际存在的汉字；假字是不存在的汉字，但是符合汉字的造字规则；非字也是不存在的汉字，同时也不符合汉字的造字规则。与假字相比,如果儿童具有正字法意识,则更容易判断非字不是字。下面是正字法意识测试中使用的假字和非字的示意。

图 3.5　正字法意识测试中使用的假字和非字示意

- 语音意识测试

语音意识测试主要是指对语音结构的感知、保持和操作。以下是语音删除测验和挑异音测验举例。

语音删除:我们在刚上学的时候都学过拼音。请你想想,"l"和"àn"拼在一起读什么?对了!是"làn"。那如果"làn"这个音,去掉开始的"l",剩下什么?好的,是"àn"。好,下面你来试试。

类型	原音	去掉的音	目标音
前	chán 蝉	ch	án
后	piā	a	pī 批

挑异音：从听到的四个语音音节中，选出一个不一样的。这个测验的目的是测查儿童的语音工作记忆技能和感知能力。测验分三部分。第一部分是从听到的材料中挑出声调与其他音不同的，第二部分是挑出声母不同的，第三部分则是挑出韵母不同的。被试需要从听到的各组音中，挑出一个声调、声母或韵母与同组其他音不同的音。下面是挑声调不同的例子。

挑异音

在你听到的一组四个音中，有三个音的声调是相同的，有一个是不同的。请你从这四个音中，挑出这个声调与其他三个不同的，并标出它的题号。比如说："bàn、sàn、yàn、bō"这四个音中，哪一个音与其他三个的声调不同呢？答案应该是"bō"，因为"bàn、sàn、yàn"这三个字的声调都是四声，而"bō"的声调是一声。所以你应该把题号（4）圈出来。

请先练习一下。

（1）齐（2）宇（3）连（4）贼

现在开始正式测试，请仔细听。

1.（1）中（2）耕（3）讲（4）扎

2.（1）强（2）博（3）学（4）饭

3.（1）该（2）般（3）火（4）高

- 语素技能测试

语素是语言中最小的语义单位。语素意识指儿童对组成词汇的最小语义单位的意识及操作能力。作为元语言学意识的一种，语素意识涉及对字词及字词构成规则的一种程序性知识。研究发现儿童的语素技能对未来阅读能力的发展有很强的预测作用。

同音语素：提供一个目标语素，请被试产生出更多的同音的语素。比如，根据"南京"的"京"组一个词，儿童可能会说"北京"。很好，现在请尽可能多地说出包含"jīng"这个音的词汇（比如经营、精神、经过、精彩、精美、亮晶晶、惊奇、鲸鱼、眼睛）。

同形语素：提供一个目标语素，请儿童说出两个词，包含和目标语素字形相近的字，其中一个的意思和目标语素相同，另一个和目标语素不同。比如，请说出和"面包"中的"面"同形的两个词，其中一个词中的"面"和"面包"的"面"意思一样，另一个词中的"面"和"面包"

的"面"意思不一样。那么,一样的可以是"面片""面条""和面""面粉",不一样的可以是"面貌""脸面""面子"等。

复合语素:根据给定的构词方式,组成一个新的词。比如,"带斑点的马,叫斑马;那么,带斑点的牛,叫什么牛",答案是"斑牛";"又大又红的花叫大红花,又大又紫的花叫什么?""大紫花";"专门吃铁的怪兽叫什么?""吃铁怪"。

- 快速命名测试

快速命名测试的目的是了解儿童的语音产生速度,一般包括对数字、物体、字母、颜色等方面的测试。

例如,数字快速命名是2、4、6、7、9五个数字,每个数字重复出现7次,随机分布在7行5列的矩阵中。被试按照从左到右、从上到下的顺序将所有数字尽量快且准确地读一遍,主试用秒表记录被试从开始读第一个数字到读完最后一个数字所用的时间,结果精确到0.01秒。测验共进行两次,取平均值作为测验成绩。

下面分别是数字快速命名、物体快速命名的参考示例。

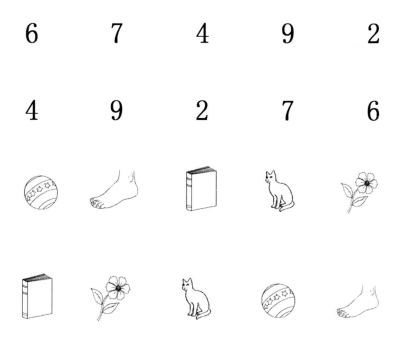

综上所述,通过配有常模的标准化测试,可以判断一个儿童是否存在阅读困难以及具体在哪些方面存在阅读困难。可以根据有缺陷的地方有针对性地展开阅读训练。

正如前文所言,上面这些测试是以检查阅读技能为主,属于阅读过程中的基本认知加工成分。另外一些研究人员认为阅读困难不仅与阅读相关的认知过程有关,某些基本的认知过程,比如视觉信息处理能力、快速听觉信息处理能力以及注意力都会影响个体的识字过程和阅读能力发展。因此，研究者还会同时测查阅读障碍儿童的视觉信息处理能力、快速听觉信息处理能力和注意力。需要特别注意的是，以上提到的这些测试均需要在专业人员的指导下进行。

投入：家长动员起来

当家长渐渐发现自己的孩子跟不上学校学习的节奏，即使付出大量时间和努力，孩子学习成绩依然不理想时，会经历以下几个心理变化阶段。

第一，等待期。刚开始的时候，家长会觉得孩子的问题只是暂时现象，过一段时间或者进入高年级后就会自然好转。家长的常见认知有，"这么简单的知识，很快就会掌握的，不用那么操心""孩子学习能力没有问题，只是还不知道怎么学习""我的孩子这么聪明，认字和阅读不会有问题，他只是没下功夫"。

第二，愤怒期。经过一段时间的等待、期待与失望之后，家长的情绪和认知开始出现变化，从原来认知上的合理化和情绪上的漫不经心，过度到了认知上的迷惑不解和情绪上的愤怒。比如"我们这么聪明，孩子怎么可能学不会阅读呢""我的孩子上学之前没学认字,是不是老师教学进度太快了,让我的孩子无所适从,落下太多""是不是孩子上课不专心听讲""是不是孩子不够努力""我的孩子怎么可能不如别的孩子呢"。

第三,无助期。经过等待期的平静和愤怒期的迷惑,家长会逐渐出现无助感。比如"怎么办呢,本来不应该成为问题的事情却出现了问题""真没办法,我的孩子跟别的孩子不一样""随他去吧,这么费劲""为什么是我的孩子""到底哪里出了问题"。

第四,行动期。经过一段时间的苦苦思索,家长开始四处寻找答案和解决方法,此时,就进入了行动期。可是该如何行动呢?

首先,要了解阅读障碍并非罕见,这种现象在整个人群中的发生率大致是 5%~17%。还要了解阅读障碍的可能成因和表现特点,了解世界上有一些名人也存在阅读障碍问题,但是这并不妨碍他们取得事业成功和过美好的生活。从而缓解焦虑情绪和不平衡的心态,接受现实,从容面对。

其次，与孩子的学校取得沟通。目前，我国内地尚未有关于特定学习困难的法律法规，学校和社会对于这个问题的认识比较少，老师也大多没有接受过这方面的系统培训。因此，学校的老师很难识别儿童是否存在阅读障碍。家长应该主动与老师联系，向老师介绍情况，尽量取得学校的支持和老师的帮助。由于学校老师不了解阅读障碍，通常认为这些孩子不用功，这会给孩子和家长带来非常大的心理压力。我了解到，曾经有家长通过查询资料、咨询相关专业人员，了解到自己的孩子可能有阅读障碍问题，主动去学校沟通，请学校老师给予孩子宽松的学习环境。近年来，国内相关领域的研究者也正在积极推动阅读障碍公共政策和法规的建立，将阅读障碍列入特殊教育的范围，相信有关阅读障碍的教师培训工作不久即会开展。

最后，也是最重要的，参与孩子的学习。一方面寻找专业机构，了解相关干预方法。另一方面深入了解孩子的特点，采取有针对性的方法帮助孩子学习。阅读障碍有各种不同的类型和特点，如果家长怀疑自己的孩子可能有阅读障碍，需要到专业的机构进行测评，以了解孩子的阅读特点。目前，国内相关的专业培训尚未普及，家长可以根据本书所介绍的测评、观察以及训练方法，有针对性地采取一些训练措施。

这些训练措施可以分为两个层次,一个层次集中在语言领域,比如汉字、词语以及文章的阅读与写作。另一个层次是一些支持性的心理过程和基本认知成分,比如,基本视觉和听觉加工技能、注意(尤其是视觉空间注意)、执行控制(工作记忆、抑制等)。后者是顺利进行语言加工必需的心理资源。有些儿童的问题发生在基本文字信息处理过程上,有些儿童则伴随着注意、执行控制等一般性认知机制问题。需要通过仔细评估,把各项测验转换成标准分数,绘制出儿童语言/文字认知和基本心理认知技能的剖面图,然后分析儿童阅读障碍的可能原因,才能制订相应的帮助计划。

沟通:学校的作用不可估量

学校的教学氛围和对待特殊需要学生的理念及教学措施,直接影响阅读障碍儿童的适应性发展。很多国家和地区已经建立了应对特殊学习困难儿童学习需要的教学体系和教师培训体系,下面以我国香港特区的相关情况为例做简要介绍。

香港特区教育统筹局从 2005 年起资助香港理工大学

宏利儿童学习潜能发展中心对全香港地区的中小学语文和英语老师进行阅读障碍课程培训。自2005年10月至2017年12月，该中心共举办了72期（中文和英文各36期）"支持有特殊教育需要学生——认知及学习需要专题课程（促进中国语文/英国语文学习）"和"教师专业发展课程：对有特殊学习障碍学童的认识、评估及教学"等课程，全港近1500家中小学的近3000位中、英文老师参加了培训。

参加培训的老师合影

培训内容由三分之二的课程教学和三分之一的实习组成。课程教学包括阅读障碍的定义、评估、干预措施。实习是将课堂学习到的知识运用到对学生进行一对一的评估测试、教学设计、干预训练等工作中。

由于有可查阅的相关规定,这些接受特殊教育评估和干预的儿童,可以在课程学习和考试方面遵循相关规定进行,比如每天或每周参加几个学时的小组教学或者个别教学、单独考试、延长考试时间或者有老师协助读题等。

学校设置的课程必须要考虑在特定方面有学习困难的儿童的需要。根据美国学者 Fuchs(2008)提出的干预反应模型,学校应建立三级干预措施,分别针对具有不同学习能力和学习需要的儿童(图 3.6)。

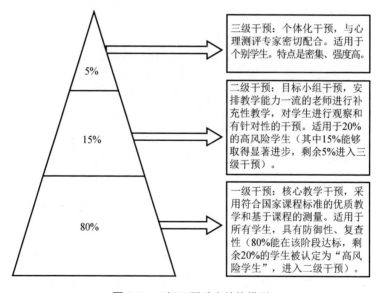

图 3.6 三级干预反应结构模型

根据这个模型，一级干预是针对全体学生的课程，是指以班级为单位进行教学后，约有80%的学生能够达标。另外20%的学生进入二级干预。二级干预由特殊教育老师和有相关知识技能的老师进行补充性教学，以小组形式进行。这个层次的教学需要密切观察每个学生的学习情况和个体差异，针对学生的具体问题采取相应的干预措施。要达到的目标是，通过二级小组干预之后，约有15%的学生能够取得显著进步，可以返回一级干预水平。另外5%的学生进入个性化程度最高的三级干预层次。

对进入三级干预体系的学生需要进行详细的评估，了解其视听知觉、注意、执行控制以及阅读的各个方面（语音、语素、正字法、阅读流畅性等）的特点，据此确立个体适应性干预方案。这个层次的干预以一对一的形式进行，需要特殊教育专家、心理学家以及学校老师密切配合。

执行上述三级干预体系，需要教育系统建立相关的专业人员体系，在学区层面上至少有一名特殊教育和心理学专业背景的特教专员，进行特殊学习需要课程的研究和设计。在学校里配备一名特殊教育老师，可以组织第二个层次的小组教学，并能够与学区特教专员保持密切联系，以开展对进入第三个层级学生的一对一个性化教学。

改变：专业机构的帮助

在我国，上述三级干预体系还有待完善和发展，因此对于阅读障碍儿童的家长，寻求专业机构的帮助在现阶段来讲就显得尤为重要。那么，专业机构能提供什么帮助以及去哪儿找这些专业资源呢？

首先，专业机构会对儿童进行详细的测评。测评不仅是判断儿童是否存在阅读障碍，更重要的是通过细致的评估，了解和分析儿童的认知特点、学习方式，并根据这些特点制订相应的干预方案。比如，前面提到的小点同学，经过测试评估发现，她的问题主要是口语词汇量和汉字识字量小，其他认知能力均发展良好，因此训练要以扩充口语词汇量和识字量为主。

其次，专业机构会根据儿童的评估情况，推荐具有针对性的干预方案。目前开展专业评估和干预的机构不多。扫描左侧二维码，关注我们的微信公众号，可获取更多信息。

追求：展现你的潜能

香港媒体曾刊登一篇报道，内容为两名中学生凭借"自洁门柄"发明夺得日内瓦发明展金奖，获奖后已有至少两家厂商与他们接洽合作，商讨生产事宜。报道中提到的其中一名中学生在小学一年级时被诊断为阅读障碍，但是阅读障碍并未阻止他原本具有的探索精神和创造力。

"自洁门柄"夺日内瓦发明展金奖

正如前文对阅读障碍者的优势和阅读障碍名人的介绍，阅读障碍者由于大脑独特的结构和功能使他们处理文字信息的能力与典型发展个体有所不同，而人类的大脑功能具有相对的功能分区和专门化，其他方面的能力并未受到影响，甚至有的人在某些方面有超常的发展。比如有些阅读障碍者有超强的形象思维能力，有些有很强的动手能力，有些人情商很高、善于与人交往、具有领导能力等。

由于人类大脑结构和功能的多样性和复杂性，根据多元智能理论，每个人的能力和优势可能不同。对于有阅读障碍的个体而言，最重要的是不要被阅读障碍缠住手脚，而要勇于发现自己的优势潜能，充分发挥和展现潜能，让优势潜能带动个体的发展。许多家长可能都读过黑柳彻子的《窗边的小豆豆》，觉得作者后来的职业和个人发展非常好。其实作者本人的数学成绩一直不好，但她懂得扬长避短，发挥自己善于交际、情商高的优势，在自己的优势领域取得了不错的发展成就。请看下面的例子：

两个男孩，小青和小奇，都出生在北京，童年时期都遭受了读写障碍的困扰。小奇尽管字写得非常难看，用他自己的话说"像蚯蚓爬"，但他的数学成绩一直非常好。他的爸爸、妈妈、老师、同学都关注他的数学成绩，把他当作数学天才，而忽略了他在读写方面的困难。因此，小奇在同伴中依然和同龄人一样，和同伴互动，自己也非常快乐、自信。上了高中之后，他尽量避免用手写字，所有作业几乎都是通过电脑打印出来的。后来他考上了清华大学，大学毕业之后选择了留学深造。

而小青就没有那么幸运了。他上学之前就已经认识了不少字，但是由于动作技能比较弱、行动迟缓、手部精细动作技能落后影响了他书写技能的发展，使得他写出来的字难以辨认，而且写字速度非常慢。由于家长、老师都特别关注他的弱项——书写问题,导致他自己非常焦虑、自卑,同时也导致班里的同学瞧不起他,不跟他玩。所以,他的书写问题不仅影响了语文学习,还影响了自尊发展、同伴交往以及情绪等社会性发展。他留过级,由于缺少相应的帮助措施,留级也不能改善他的境遇,勉强上完小学后,他就辍学了。

对比小青和小奇的不同遭遇,我们看到发挥优势潜能对患有阅读障碍的儿童尤其重要。优势潜能可以为他们提供发展目标和方向,帮助他们建立信心和自尊,也有助于他们与同伴的正常交往,保证良好的个性和社会性发展。

要想发现自己的潜能,除了去专业测评机构进行评估,还可以通过简单的观察去发现自己的优势。

创造机会,多尝试和参加各种活动,观察自己在哪些方面更有优势。比如,前面说到的小普同学,他学习语文时记不住字,上四年级了只认识 804 个汉字。但是他参加了多种课外活动,弹琴、游泳、网球、滑冰、乐高机器人等。在这些项目中,他发现自己特别喜欢乐高机器人课程,而且在这方面做得特别好。上课的时候,很快就能掌握老师讲的要点,作品完成的速度和质量都比同龄人好,后来他参加了乐高机器人竞赛。

对阅读困难儿童的特殊教育需求（special education needs，SEN）关注计划应该包括"干预"和"发展"两个方面。干预计划是指继续开发和实施提升读写障碍儿童阅读技能的干预手段。发展计划则需要从发现优势、发展优势入手，寻找展现 SEN 儿童潜能和创造性的其他途径。在发展计划方面，香港理工大学的黎程正家教授几年前成立了专门针对 SEN 儿童和青少年的"小小发明家"俱乐部，开发创造、创新潜能；近一两年，又携手香港电气与电子工程师协会（Institute of Electrical and Electronics Engineers，IEEE）的工程师，进一步拓展 SEN 儿童的潜能激发项目。2021 年 3 月 20 日，"小小发明家"团队在香港 IEEE 的海底机器人大赛中获得了团体第一名。

马库斯·白金汉（Marcus Buckingham）和唐纳德·克利夫顿（Donald O. Clifton）在《现在，发现你的优势》中阐述了积极心理学的优势发展思想，并提供了优势识别的理念和方法。这里所说的优势并不是指你具有什么样的知识，而是一种能力素质，他们提出了 34 个素质主题，在此不一一列举。对于如何识别自己的优势，这本书的第 77～84 页给出了发现才干的四个蛛丝马迹：自发的、油然而发的那些反应，渴望，学得快，满足。书中通过具体的实例介绍了这四个信号的含义。由于我们这本书的主题是认识阅读障碍，就不再赘述优势潜能的发现方法，若想获得更多如何识别自身、孩子或者学生的潜能的方法，请阅读《现在，发现你的优势》或者访问他们的网站（www.strengthsfinder.com），并细心聆听自己内心的声音。

参考文献

孟祥芝. 汉语发展性阅读障碍儿童的汉字表征与加工[D]. 北京：北京师范大学, 2000.

张厚粲, 王晓平. 瑞文标准推理测验在我国的修订[J]. 心理学报, 1989(2): 113—121.

FUCHS D, COMPTON D L, FUCHS L S, et al. Making "secondary intervention" work in a three-tier responsiveness-to-intervention model: findings from the first-grade longitudinal reading study of the National Research Center on Learning Disabilities [J]. Reading & Writing, 2008, 21(4): 413—436.

TANAKA H, BLACK J M, HULME C, et al. The brain basis of the phonological deficit in dyslexia is independent of IQ [J]. Psychological Science, 2011, 22(11): 1442—1451.

第四章
从头开始
重塑读写技能六面观

放眼全球：五花八门的干预方法

一百多年以来，人们一直在找寻改善阅读障碍的措施，产生了大量的研究和相关训练方法。这些训练方法大都遵循如下基本原则：

让儿童体验成功的喜悦；

提供反馈；

提供充分、反复的练习，进行过度学习；

制定个性化学习步骤。

由于人们对阅读障碍的产生原因持有不同的看法，对阅读障碍问题进行干预和帮助的方法也随之不同。可以归纳为语言学的训练方法和非语言学的训练方法。

语言学训练方法*

Hinshelwood（1917）的训练方法与他在阅读障碍领域持有的观点一脉相承。他认为阅读障碍（词盲）由大脑词中心损害导致，可以通过训练逐步建立起来，因为大脑中各种与语言有关的中心都是互相联系的。他推荐使用字母卡片，发现"通过与完好中心的同时联系，视觉形象可以得到强化"。有趣的是，60多年后，Hulme（1981）设计了系统实验检验"追踪字母法"（tracing letter）对记忆字母的作用，并证明了其有效性。

后来出现了今天被称为"多感官语音教学"的方法。Orton（1925）的观点与 Hinshelwood 有类似之处，认为改善阅读障碍需要训练所有的感觉通道，包括视觉、听觉和动作的紧密联系。

---

* 目前，尚未有针对简体中文的、公开发表的并被广泛认可的训练方法。我希望本节介绍的内容能为我国读者和相关研究人员提供新的看待阅读障碍的视角。

心理学家 Anna Gillingham 和 Bessie Stillman 根据 Orton 的思想，设计了阅读障碍治疗技术。这个训练程序名为"联结"，可用来教授新字母。他们仔细地把字母与其名称、声音组成对偶联想。整个程序由 8 个步骤组成：

1. 出示字母，学生跟着教师重复字母的名称；
2. 教师示范字母发音；
3. 学生重复字母发音；
4. 教师写下词汇；
5. 教师示范词汇发音；
6. 学生重复；
7. 学生边写词边读出每个字母的发音；
8. 学生重读一次词。

这一过程称为同时口头拼写（simultaneous oral spelling）。这种学习方法对于学习单个词非常有效，可用于各年龄阶段的学生。这种方法的基本理念是从教授孤立的字母开始，即音形关系（phonograms）。如学生学会"th"有两个读音，一个是清音（如在"thin"中），另一个是浊音（如在"this"中）。通过听写，学生写出包含这两个发音的音节（比如，thin，this），并看着卡片大声读出来。每次学习 4~5 个音节,并在每一节课中依次复习。此外,所学音节还要经过大量的练习。这种过度学习使学生能够自觉地识别和回忆字母和读音之间的联系。

在学习了大约 50 个音形关系之后,学生开始学习拼写。首先听写单词(如 mother),然后老师问:"这个单词中有多少个音节?""第一个音节是什么?"而不是问:"这个词的首字母是哪个?"当学生回答后(2 个音节),老师说:"现在,把它写下来。"依此类推,学生学会了把词分解为音节,将音节分解为音位(人类语言中能够区别意义的最小语音单位),并从记忆中按顺序将对应的字母写出来。随后,再一遍一遍地朗读。此外,在每一节课开始时,都会对之前学过的内容进行复习。

在拼写课上,老师循序渐进地教授拼写规则。如,不发音的"e"在词尾会使元音读成长元音。此外,教师还会教授一套注解单词所遵循的读音规则的标识符号。如单词分为几个音节,几个音位,有几种发音的音位,在该单词中发第几个音。学生在标注过几百个单词之后,在其笔记本上就会形成一个标记过的单词发音表。

多感官语音教学方法产生于"look and say"整词教学法盛行之时,至少对于掌握音-形对应关系困难的儿童是适合的。相信阅读障碍儿童可以掌握阅读和书写的字母知识，通过系统的学习，意识到书写符号和声音之间的关系（王正科等，2007）。

非语言学训练方法

单眼遮蔽

在正常阅读过程中，眼睛向前行进称为眼跳：跳动-注视-跳动。这个过程发生得很快，平时人们是感觉不到的。在实验室条件下，研究者可以通过一套专门的设备（例如，眼动仪）记录人们在阅读过程中的眼动轨迹。许多研究发现阅读水平低的读者时常表现出异常的眼动模式。比如眼动稳定性差，在追随目标到正常视野过程中常常有特别的眼动趋向，有更多的往回扫视。

牛津大学的生理学教授 Stein（1989）曾提道："许多阅读障碍者抱怨字母和词汇相互跳跃、模糊和反转。他们似乎经历着一个不稳定的视觉世界。"Stein 把这种现象归于不稳定的辐合（图 4.1 和图 4.2）。他指出眼动辐合不稳定的儿童在阅读过程中产生的视觉错误多于语音错误。他主张遮住一只眼睛，有时可以提高辐合控制，减少双眼视像的竞争干扰，进而提高阅读速度。

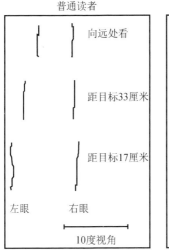 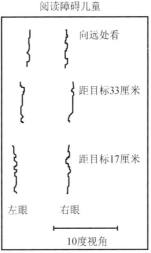

图 4.1 一个阅读障碍儿童的不稳定双眼控制，引自 Fawcett & Nicolson（1994）。

图 4.2 阅读障碍者视觉问题模拟

与左/右撇子一样,人类的双眼同样有主次之分,大部分人均以右眼为主视眼(dominant eye)。看东西的时候,主、次眼所接收的影像略有不同。主视眼会产生较好的影像,另一只眼睛的影像质量则稍差,大脑"整合"后会产生单一影像。

一般而言,负责接收影像信号的视锥细胞(cone cell),在主视眼中会呈圆状排列,另一只眼则不规则排列。两名法国科学家 Le Floch 及 Ropars(2017)在生物学期刊 *Proceedings Biological Sciences* 发表的研究发现,读写障碍患者双眼的视锥细胞同样呈圆状排列,变相令双眼互相争夺主视眼的角色,大脑在混乱下产生所谓的"镜像错误"(mirror errors),混淆患者视觉,从而出现类似分不清 b 及 d 等形状近似、但方向相反的字母的情况。

读写障碍患者的问题是因为有两个完全相同的影像产生竞争,所以只要抵销其中一个影像便能解决问题。研究人员发现当两个影像传递到患者的左右脑时,会出现约万分之一秒的滞后,于是他们想出使用肉眼看不到的 LED 灯高速闪光,消除那个困扰患者的重影问题。如此一来,大脑便只剩下一个影像,他们便可以正常阅读。

英国牛津大学教授兼英国读写障碍协会顾问 John

Stein 认为这个研究相当有趣，因为阅读障碍的研究甚少聚焦在患者的视觉方面；同时突显主视眼在脑部接收影像的重要性。但是这一研究没有交代视锥细胞排列不同的成因。

知觉学习训练

知觉学习是指感觉器官多次接触某个刺激之后，对这个刺激的知觉速度和辨别能力提高的过程。知觉学习训练的最大特点是能够根据每个学习者自身的水平逐级进行学习。比如，训练的目的是让学习者学会区分间隔为 40 毫秒的两个声音。如果某位学习者一开始只能区分间隔 305 毫秒的声音，那么，知觉学习训练程序会从 305 毫秒开始训练，如果学习者连续两次或者三次都能正确判断两个声音的先后顺序（通常用于训练的两个声音的音高不同），训练程序会自动调整时间间隔，比如下降到 290 毫秒，依此类推。如果学习者判断错误，训练会自动调整任务的难易程度，把辨别的时间间隔拉长，比如学习者判断 120 毫秒间隔的时候出现错误，程序会自动地将下一次的训练时间间隔调整为 140 毫秒。这样的学习训练过程一方面能够根据人类感知觉系统的可塑性逐步提高知觉的敏感程度。另外，由于程序可以自动根据个体的反应速度、正确率调整任务的难度，其认知负荷/难度具有足够的挑战性和适宜性，对于重塑和锻炼个体的认知能力具有独特的价值。

目前，对阅读障碍者的知觉学习训练主要应用在提升视觉加工能力和听觉信息处理能力方面。比如，孟祥芝等人（Meng et al., 2014; Zhang et al., 2018）通过每天半个小时，共 7 天的训练，训练前后的测验比较结果发现，阅读障碍儿童的语音意识、识字量以及阅读流畅性都有显著提高。图 4.3 横坐标中的 T0，T1，T2 分别代表训练前、训练后以及追踪测试结果；1～7 指的是训练组经过了 7 次训练。纵坐标是区别两个声音长度的时间阈限（单位为毫秒）。黑色圆点代表训练组（14 人），空心点代表非训练组（16 人）。从图中可以看出，在训练之前，两组儿童的辨别阈限没有区别；在进行训练的 7 天中，训练组儿童的辨别阈限逐渐减低，这意味着他们的分辨能力正在逐渐提高。训练后（T1）和追踪测试（T2）的成绩显示，非训练组儿童的辨别阈限与训练前相比，没有明显的下降，而训练组儿童的辨别阈限相比训练之前有了非常明显的下降。这些训练效应还可以迁移到语音能力、阅读能力中，以提升儿童的阅读成绩。

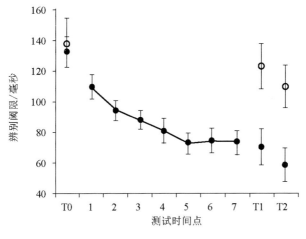

图 4.3 知觉学习曲线

国外有研究发现，听知觉学习训练之后，儿童的工作记忆和阅读理解能力都得到了提升。这种训练提升阅读能力的原因还需要研究探讨。我们认为，有可能与提升了相应知觉能力的敏锐度以及注意等高级调控能力有关。

利用语言学材料进行的训练也应该考虑并遵循这种原则，把学习单元按照难度分成一个个小的学习模块，使每名学习者可以根据自己的能力水平逐级学习。

除此之外，还有研究发现扩大字母间隔可以减少视像拥挤，提升阅读速度。另外一些研究发现身体动作游戏可以改善阅读困难者的注意力，从而提高阅读成绩。

咿呀学语：扩大词汇量

如前所述，儿童口语词汇量和语言能力的发展是儿童书面词汇学习和阅读理解能力发展的基础。有些儿童词汇量比较小，在阅读过程中不能自动理解词汇的意义，进而影响句子或者篇章的阅读。如果儿童的口语词汇量大，在阅读过程中把书面词汇读出来之后就能够自动理解，从而提高阅读理解的自动化程度和效率。在任何年龄阶段，词汇量都可以不断增长。

赵星楠（2018）追踪研究了婴儿的口语词汇水平是如何影响儿童后来的阅读能力发展的。结果发现婴儿时期的口语词汇学习通过两个途径与儿童的阅读能力发展产生关联。首先，婴儿词汇学习中的词物联结学习在一定程度上预测了儿童时期汉字学习的形音联结能力，并通过形音联结能力的中介作用预测儿童识字量，体现出视听跨通道联结学习的作用机制。其次，婴儿的词物联结学习还通过词义的习得直接促进儿童词汇量的增长。儿童的形音联结学习也可以直接或者通过识字量间接作用于阅读速度。具体表现为如图 4.4 所示的两阶段过程。

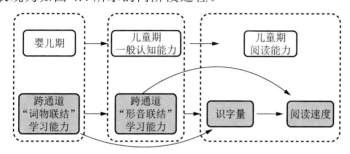

图 4.4　婴儿词汇学习能力与儿童阅读能力发展之间的关系

儿童的语言发展会经历几个阶段，首先是 0～12 个月的言语理解阶段。人类具有先天的言语感知能力。一项近红外成像（一种脑成像技术）研究显示，婴儿刚出生的时候，大脑前颞叶皮层区域（听觉和语言中枢）已经表现出对言语声音的特异性反应，但是该区域对非言语的口哨交流声却不会产生类似的反应（May，Gervain，Carreiras，& Werker，2017）。从出生到 6 个月，婴儿逐渐建立了一些声音符号和指代物的连接，这就是初步的词汇学习。在这个阶段，照看者多用婴儿指向语言（也称妈妈语）跟婴儿交流。这种语言具有语调高、句子短（一般为单个词）、声调比较夸张等特点。这样的语言一方面可以吸引婴儿的注意并延长其注意保持的时间。另一方面，有利于婴儿的语音辨别和词汇学习。在这个阶段，照看者可以频繁地使用妈妈语与婴儿"谈话"。需要注意的是，妈妈语也是正规的语言，只是句子短、结构简单、语调和声调上扬，并不是大家平时所理解的把"猫"说成"喵喵"，把"狗"说成"汪汪"。

一岁之后，婴儿进入了言语产生阶段。25%的婴儿在10个月左右会说出第一个词，50%的婴儿在大约13个月左右会说出第一个词。到15个月的时候，大约90%的婴儿都已经可以说出词汇了。在言语产生阶段，婴儿会经历单词句阶段和双词句阶段。单词句是用一个词代表一句话的意思，在这个阶段，婴儿尽管只能说出单个词，却能够理解整个句子的意思。到了18个月，婴儿进入双词句阶段，并出现了词汇量的快速增长，这个阶段通常被称为"词汇爆发"。从此之后，他们的句法能力将持续发展，到36个月的时候，婴儿进入了"句法"爆发时期，掌握了母语的基本句法。这个时期一方面可以通过讲故事、亲子阅读、分享阅读等多种方式为婴儿提供大量的言语输入，另一方面可以通过亲子谈话、同伴对话发展语言表达能力。

下面我们介绍几种积累词汇的方法，这些方法同时有助于发展儿童的语音意识和构词法意识。语音意识是对语音结构的了解和操作,比如"城市"和"工程",儿童知道这两个词中有一个共同的语音,并且可以去掉这个语音,两个双音节词就只剩下"市"和"工"这两个单音节语音了。构词法意识我们在前面介绍过,在此不再重复。大量研究发现,儿童的元语言学意识(语音意识、构词法意识,包括前面所说的正字法意识)对阅读能力发展具有重要的预测作用。其中,正字法意识和构词法意识对中文阅读能力的发展尤其重要。

第一种方法,对于不认识字或者认字很少的孩子,可以通过家长朗读或者听录音的方式积累字词。之所以说"朗读"给孩子听,而不是"讲"给孩子听,是强调家长读的速度要适中,注意适当的停顿和语气。而"讲"给孩子听,则更强调故事情节。"朗读"的好处是给孩子提供了语言的清晰的范本。孩子会在听的过程中,注意到词汇、语流、语言结构、语气等。在"朗读"的过程中,家长可以根据孩子的表情和反应判断孩子对内容以及某个句子、词汇是否理解了,对于不理解的部分应给予一定的解释。

比如,读《我的名字克丽桑丝美美菊花》给孩子听,家长先从头到尾朗读一遍,看看孩子的反应和理解情况。然后和孩子讨论一下,这个故事的"3W"(who,when, what），即故事的主人公是谁，什么时候发生的，发生了什么事。

接下来问问孩子：故事里面说"克丽桑丝美美菊花枯萎了"，"枯萎"是什么意思；"她不再认为自己的名字完美无缺"，"完美无缺"是什么意思。请孩子用这些词再说几个句子出来。

为了保持故事的连贯性和孩子听故事的兴趣，不建议读第一遍的时候就逐个解释词汇的意思和提问题。

通过听录音提升词汇量和口语能力，也需要反复听，以精细把握词汇的意义。

有些故事可以泛读（听），对于孩子有兴趣的，可以精读（听）。泛读（听）可以让孩子广泛接触各种语言范例，精读（听）可以让孩子精细地把握词汇、语言结构、语言的韵律。阅读获得初期，儿童通过反复听、反复读同一个故事或者类似的故事去学习和了解书面语言形、音、义和结构的过程，有点像婴儿语言获得时期利用妈妈语掌握口语的过程，都是孩子的学习和探索过程。

第二种方法，有一定识字基础的孩子可以通过自己阅读或者听录音的方式积累词汇。对于孩子阅读材料的选择需要注意可读性。如果一个文章或故事生字太多，就不适合孩子读。一般来说，生字超过 5%～10%，文章的可读性就很低。可读性低的文章不能引起孩子的阅读兴趣。选择可读的文章有两种方法，一个是孩子根据自己的兴趣选择自己喜欢读、又能读的文章。即使文章里没有任何生字，只要有新词，孩子就能通过阅读学习新的词汇。比如，克丽桑丝美美菊花的爸爸妈妈说其他小朋友歧视克丽桑丝美美菊花的名字是因为她们有"偏见"。孩子认识"偏"和"见"，合起来读作"偏见"，那么"偏见"是什么意思呢？孩子最早学会的词是一些有明确指代作用的具体名称，比如"桌子""椅子""牛奶"，后来在语言环境中逐渐理解抽象词汇的意义，如这里的"偏见"。孩子借助文章上下文的语境可以猜测词汇的意义。阅读的材料多了，同一个词反复出现在类似的语境中，孩子对词汇意义的了解就会逐渐深入和牢固。

第三种方法，通过发散思维游戏，学习一音多义。汉语表达意义的语素有 5000 多个，远远多于汉语的音节数。汉语音节大约有 400 个，加上声调大约 1200 多个。因此，汉语中一个语音通常可以表达多个意义。在书面语层面，有很多同音异形字，比如，汉语中读"yì"的汉字有 205

个。可以通过各种游戏形式让儿童了解语音和语素之间的关系。举例如下:

找朋友: 找出读音不一样的朋友。

膝盖、溪水、西方、稀饭、可惜、分析、呼吸、夕阳、熄灯、登记

找出读音一样但是意思不一样的朋友。

日光、月光、亮光、吃光

面团、面包、面粉、面容

找出读音一样,意思也一样的朋友。

是非、集市、教室、事业、试卷、公式、市区

找出读音一样,但长得不一样的朋友*

糖果、天堂、相貌堂堂、高堂

找出读音、长相一样,但意思不一样的朋友*

白色、白字、白吃、空白、白天、白卷、黑白

深秋、深冬、深色、深浅、深夜

爬山、爬起来、爬得快、攀爬、爬行

蜘蛛结网: 提出一个中心字/词,然后扩展开,进行组词。

---

* 适合已经上小学的孩子。

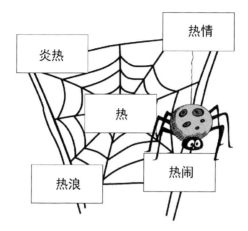

一分钟故事：利用蜘蛛网结出来的词，编一个小故事。比如，空气里充满了热浪，蜘蛛宝宝不怕炎热，热情地招待客人，一场热闹的生日舞会正在进行。这个小故事可以说出来、写出来或者画出来。

再来试一个。

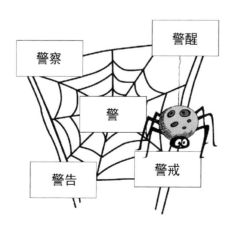

请你来试试，用上面这些词编个有趣、奇特的故事。

追根溯源：了解汉字的结构

学习阅读包括学习书写系统怎样表征语言中的声音系统，即把听、说与文字建立联系。文字系统表征声音的匹配方法可能随语言和书写系统的不同而不同，但学习的共同原则是把言语信号与头脑中抽象的符号表征相匹配。所以阅读学习首先是理解词汇语音的内在结构，并转换成意义，然后与书写符号建立联系，而建立书面符号与声音和意义的联系过程会受到文字书写系统构成方式的影响。

语言学家朱德熙曾经说过："汉字可以说是一种语素（最小的语义单元）文字——当然有极少数汉字不代表语素，只代表音节，但绝大部分汉字都是代表语素的；就汉字本身的构造看，汉字是由表意、表音的偏旁（形旁、声旁）和既不表意也不表音的记号组成的文字体系。"

独体字是纯粹的记号文字。大多数独体字的使用频率比较高，儿童入学初期首先会学习大量的独体字，这些独体字会成为将来学习的合体字的组成部分，成为后来学习合体字的基础。组成合体字的独体字本身虽然也是记号，可是当它作为合体字的组成部分时，它是以有音有义的"字"的身份存在的。随着词汇量的增加，儿童逐渐形成关于汉字结构功能的意识，也就是慢慢了解组成字的各个部件所表达的语音、语义作用。汉字尽管不存在直接的形音对应规则，但占汉字约80%的形声字的声旁又具有示音功能，使学习者能够在一定程度上根据声旁推测不熟悉的字的读音。汉字的形旁能够提示字的意义，使学习者能够在一定程度上根据形旁推测不熟悉的字的意义。许多研究表明，儿童在学习汉语过程中的确能够意识到汉字声旁表音、形旁表意的功能，并能在汉字识别过程中使用这种线索。

但是，汉字声旁表音、形旁表意具有很大的不确定性，尤其是形旁表意特性比较模糊，同一个形旁可以表示不同的义类，而且形旁只能表征形声字的义类特征，不能表征形声字的具体意义。另外，在大多数情况下，汉字有多个义项，只有在具体语境中才能习得。这种构字特点使儿童在掌握规则之外，还要建立专门的形、音、义联结，而这种联结的建立由于汉字表意的特点使得形义联结的形成比形音联结的形成更重要。

儿童学习汉字主要是习得汉字形、音、义联结的过程。老师通过分析字形结构，包括笔画、结构，比较形似字的关系，帮助儿童记忆字形，建立形与音的联系。而对字义的讲解大都是借助词或者句子的语境，这是由于儿童对字义的理解需要借助口语词汇。这种文字习得的方式使得语音成为初学者建立字形与字义联系的桥梁。

了解汉字构成与意义、读音的关系[*]

儿童刚开始学习汉字的时候，把汉字当成图画，一笔一划地写。随着儿童学习汉字数量的增加，他们逐渐积累了汉字的形体构件，汉字学习就变成学习大的部件以及这些抽象部件符号用来表达意义的规律。比如，"目"字旁的汉字和眼睛、观看有关，以此建立汉字字形和意义之间的联系。儿童若想提高汉字学习的效率和正确率，一定要了解汉字的形体构造表达汉字意思的作用。从汉字起源上看，汉字的构成和使用有六种方法，即象形、指事、会意、形声、转注和假借。象形、指事、会意、形声是汉字的造字法，转注和假借是用字方法。其中以象形字为基础，其他类型的字是在象形字基础上形成的。

象形字

简单来说，象形字是根据实物的样子描画出来的，比

---

[*] 由于汉字复杂的演变过程，对一些汉字的归类还存在争议。

如"山"最初是"⛰","日"最初是"⊙"。但是随着字形的简化和演变，有些象形字的形体和当初造字的样子有很大不同。尽管如此，小学生了解字的来源，会更容易建立字形与意义的联系，也更容易记住汉字的写法。比如"瓜"字指蔓生植物所结的果实。金文的"瓜"字，像藤蔓分叉处悬结的一个瓜的形状，"㼌"。如果小学生知晓了"瓜"字的这个来源，就非常容易理解这个字的意思，也就不会轻易漏掉"瓜"字下面的"点"，因为这个点是"瓜"字的意义核心——藤蔓下面结出的那个果实。

根据舒华等人的统计，以北京市小学课本为样本，在小学期间要学习的 2600 多个汉字中，象形字有近 200 个（Shu et al., 2003）。小学低年级学习的象形字是构成后面学习的其他类型汉字的基础。大部分指事字是在象形字基础上增加指示符号形成的，而会意字则是由两个或两个以上的象形字组合而成，形声字是两个象形字（或者会意字、指事字）的组合，其中一个部分用来表示意义的类别，另一个部分表示读音。由此可见，象形字是汉字的基础。所以，小学低年级学习的象形字是将来学习更多汉字的写法、义项的基础。以下是小学阶段学习的象形字示例。

虫	鸟	鱼	马	牛	羊	兔	龟
日	月	田	山	口	耳	目	木
禾	火	水	果	女	丫	飞	不
丰	八	刀	井	云	几	凡	冉
入	升	午	工	弓	土	子	斤
皿	甲	心	车	玉	瓜	肉	手
自	己	羽	页	衣	竹	面	牙
豆	辛	孔	贝	户	门	它	永
而	爪	角	卜	穴	方	斗	止
韭	酉	雨	首	星	向	巴	朵

由于汉字经过甲骨文、金文、篆字，再到楷书和简体字的多次演变，大多数象形字已经失去了原来鲜明的字形表意特点，但其表达的义项在现代汉语中是基本稳定的。对于难以记忆的独体字可以查询、追溯其最初的造字形态，了解该形态是如何表意，又是如何演变成今天的简体字字形的，以建立牢固的字形特征和字形与字义之间的联结，有利于提升汉字学习和记忆的效率。

可以参考的资料有：

《说文解字》（中华书局，2013年7月第1版），《新编说文解字（大全集）》（中国华侨出版社，2011 年 8 月第 1 版），《汉语字源字典》（北京大学出版社，2000 年 8 月第 1 版），等等。

指事字

指事字是借助抽象符号表达概念的字。一种情况是在象形字上添加指示符号，如刃、本、末等；另一种是纯粹抽象符号表示的指事字，如上、下等。"刃"是刀上加一点，表示刀口所在的位置。"本"在树或者木的根部加上圆点或一短横，指明树根的位置所在，由此引申出"根本、基础、本体"等意义。"末"的本义指树梢，字形是在木上部加了一横，表示"树梢"，引申为"最后和非根本的，不重要的事物"。以下是小学阶段学习的指事字示例。

一	二	三	五	七	八	十	上
下	中	千	平	本	太	音	立
百	世	旦	乏	幻	兜	不	父
尺	末	寸	夕	亦	曰	朱	天
直	州	习	勺	匀	夫	民	王
之	血	非	叉	凶	兀	刃	乎
区	今	东	示	引	央	亡	并

会意字

会意字是有两个或者两个以上的象形字组合在一起表达一个新的意思。比如，两个"木"组合成"林"；三个"木"组合成"森"；"人"和"木"组合成"休"，表示人靠着大树休息的意思，本义是"休息"，又有"停止，罢休（事情）"之意。以下是小学阶段学习的会意字示例。

林	森	休	命	利	设	具	美
射	承	荧	外	喜	妇	闪	谷
斩	法	此	即	绝	肯	肥	枚
算	武	灰	赞	蠢	如	益	套
奔	好	间	告	突	骨	折	掰
尾	料	吹	罢	彤	皆	多	明
乱	做	流	初	弄	执	炙	采
便	哥	厚	灾	闰	炎	品	呆
昙	联	什	位	保	弱	烦	忐
继	善	旅	怂	建	制	族	班
加	麻	闲	吴	鼓	容	穿	差
甚	威	秦	实	索	钉	冰	役
规	般	讨	票	敬	秀	衰	原

图	竟	暴	夏	闭	涉	意	比
众	双	尖	连	则	逐	尘	晶
祝	乖	昏	享	吊	庆	帘	佩
宰	乘	辞	叠	奏	灶	囚	旬
典	甜	饮	艳	伏	轰	筋	扇

形声字

形声字占了汉字总数的80%以上。统计发现，小学课本中三年级以上的生字以形声字为主。形声字是由表示意义分类范畴的形旁和表示读音的声旁组成的。其中形声字的声旁提示该形声字的读音有几种情况，一种是完全提示，比如"清"，声旁和整字的读音完全相同。另一种情况是部分提示，比如"梨"，声旁与整字的读音之间只有部分相似。形旁只提示（表示）该形声字本义所属的意义范畴，并不能表示字的具体意义。比如以"扌"为形旁的形声字，"提""打""拉""押""掷""摘""捶"等都表示和手部动作有关。形声字的形旁字根举例如下：

（1）植物类：比如草字头、木字旁、禾木旁、竹字头等。

（2）动物类：比如虫字旁、反犬旁、鸟字旁、鱼字旁、牛字旁、马字旁等。

（3）自然现象类：如日字旁、风字旁、火字旁、四点底、山字头等。

（4）工具类：如戈字旁、矛字旁、弓字旁、矢字旁、斤字旁、西字头等。

（5）生活类：如宝盖、广字旁等与居住有关，车字旁与交通有关，衣字旁表示和衣服有关，绞丝旁表示和绳子有关，巾字旁表示和布/巾有关。

（6）人体类：汉字中与人体有关的字根非常丰富，比如身字旁表示身体和动作，女字旁表示和女人相关联的义项等。又如，与手部有关的字根——手字旁和提手旁（扌）；和行走有关的字根——足字旁；与五官动作和功能有关的字根——目、自、耳、口、舌、牙等；和身体器官有关的字根——月字旁、骨字旁、心字底和竖心旁（忄）等。另外，常见的示字旁（礻）表示和祭祀有关的义项，酉字旁与酒、酝酿有关，食字旁（饣）和食物有关，等等。

对于形声字，儿童可以通过分析字的结构来学习汉字。声旁可以帮助读者猜测字的读音，形旁可以提示字的意义类别。这种分析过程符合汉字表意文字的特点，学习者建立起字的字形与意义之间的联结，有助于强化记忆。而且，儿童把声旁和形旁当作大的部件来学习，减轻了记忆负担，可以大大提高学习效率。形声字的声旁有的是独立的字，比如抱、饱，声旁"包"就是独立的字，有自己的发音和意义，在合体字中作为声旁提示整字的发音，也是合体字的基本书写形式。同时，"包"作为字的部件，出现在很多合体字中，如跑、泡、袍、炮、刨。

有的声旁平时使用频率低，很多儿童并不知道其读音，但是作为一个书写部件，作为"母字"，可以组成大量汉字，比如"戋"可以组成浅、贱、践、钱、笺，这类声旁可以作为一个书写单元或模式来学习。由于形声字比较多，在此就不一一列出了。

通过"分解-组合-操作"法学习汉字书写

第一步，临摹汉字笔画。使用大田字格，每个笔画写三行。可以利用拓写纸和笔描写，也可以用手指描画。

第二步，书写笔画。使用同样的田字格，撤去拓写纸。

第三步，描写简单的独体字（高频象形字、指事字、会意字）。在了解基本笔画之后再开始描写独体字。

第四步，认识和书写合体字。可以通过拆解汉字的方法，让儿童知道汉字是由哪些部件和笔画组成的。

为了熟练掌握和易于记忆，家长可以用纸剪出笔画和部件，或者制作汉字积木，让儿童拼拆组合，这也是"分解-组合-操作"法的核心，把汉字分解到部件层次，让儿童动手拼组。比如，"口""止"可以组合成"足"；"足"和"八""兆""夭"，可以拼成"趴""跳""跃"。

在汉字学习初期，直接学习汉字的写法比较抽象，可以让孩子拼组汉字积木，熟悉汉字的部件、结构，对未来汉字学习可以起到事半功倍的作用。

这种做法符合记忆的"经济学原则"，儿童不用记忆那么多单独的汉字，而是通过共同的部件拼组成不同的汉字。

动手做，拼拼看。看看下面的部件可以拼出几个字？

亻 氵 冫 扌 礻 丿

乛 丂 幺 力 丩 卜

反复操作有助于熟悉汉字部件，通过拼接、组合等方式熟悉汉字的结构，强化正字法意识。另外，动手操作的方法增加了手部动觉刺激输入，可以加强记忆。

在上述步骤基础上，儿童逐渐扩大字形组块，不再局限于一笔一画地学，而且通过学习共用相同部件的字，使得学习和记忆汉字的过程变得更加经济高效。这样，儿童就发展到了正字法识字阶段。

当儿童熟悉了基本汉字部件之后，便可以归类组字。下面是两个具体的例子。

想一想，用"门"可以组合出哪些字？

闷　问　闹
闻　门　间
闯　闲　闪

"包"是怎么写的？用它能组合出哪些字？

饱　抱　袍
跑　包　刨
炮　泡　咆

常见的儿童读音、组词错误

下面我们根据汉字构字规则，举例分析常见的儿童读音、组词错误。表 4.1 中第一列和第二列标明了形声字的类型，规则是指声旁与整字的读音完全相同；不规则指声旁读音与整字读音不同，声旁读音不能提示整字读音。高频是指该字在日常生活中出现的次数多，比较熟悉；低频是指该字在日常生活中出现的次数少，不太熟悉。第三列是需要儿童读出来和组词的目标字。第四列是一名有阅读障碍问题的四年级儿童 L 组的词。最后一列是与 L 同龄的五名典型发展儿童的组词错误情况。

表 4.1 儿童读音、组词错误举例之一

形声字类型		目标字	儿童 L	五名典型发展儿童
是否规则	使用频率			
是	高	伸	甲虫	—
是	高	境	竞赛	镜子
是	低	犹	优秀	—
是	低	牺	夕阳（海边的太阳）	—
是	低	逗	秀豆	运动
是	低	塘	糖果	—
是	低	蹬	登山	—
是	低	拦	篮子	篮球

续表

形声字类型		目标字	儿童L	五名典型发展儿童
是否规则	使用频率			
否	高	待	—	侍从
否	高	治	港湾	—
否	高	暗	音乐	—
否	高	映	中央	中央
否	低	驰	迟到	迟到
否	低	迈	马克（人名）	—
否	低	驯	穿过	—
否	低	愧	小鬼	小鬼
否	低	跌	铁轨	尸体
否	低	拨	发东西	批发　拔下
否	低	胁	办公室	—
否	低	弥	模拟（弥—你—模拟）	—

注：—表示组词正确。

可以看到，典型发展儿童的组词错误远少于 L。在规则字中，虽然儿童可能根据声旁猜出整字的读音，但是并未获得整字的意义。

比如，"境"本义指"疆界、边界"，提土旁提示字的意义应该和土地、地方有关，如果儿童知道形旁提示的意义选项，就不会说"竞赛"或"镜子"。"拦"应该是和手部动作有关的意思，而儿童组出来的词"篮子""篮球"都是名词。"驰"的本义是"（车马等，使车马等）跑得很快"，引申为"传播",如驰名中外,儿童组出来的词却是"迟到",和字的本义相去甚远,说明他们不知道这个字的意思,并且忽视了马字旁提示的意义。"暗"直接根据声旁"音"组成了"音乐",忽略了形旁"日"的表意作用,"暗"的本义是"光线不足",引申为"深藏不露的,秘密的"(明人不做暗事)。

在不规则字中,儿童更多的是按照声旁组词,比如用"胁"组的词是"办公室","驯"是"穿过"。前者是儿童直接根据"胁"的声旁说出了"办公室"。那么"驯"又是如何组出"穿过"的呢?儿童提取了"驯"字声旁"川"的读音,但是又知道"驯"不是"四川"的"川"字,而头脑中和"chuān"这个音联系在一起的比较高频的词是"穿过",于是就说出"穿过"。儿童把"牺"组成了"夕阳"也是类似的认知过程。

从上文的分析可见,L 的大多数读音和组词错误都在于没有充分分析汉字表音和表意的结构特征,出现了很多同音错误以及部分形似错误。表 4.2 展示了更多的形似错误,例如,"幻"组成了"幼儿","却"组成了"小脚","赴"组成了"到处","摘"组成了"商场",等等。其中,"竖"读成"固",组成"坚固",存在双重认知过程,首先是形似混淆,"竖"与"坚"产生了形似错误;其次是混淆了"坚固"这个双音节词汇中的两个语素——"坚"与"固"。

表 4.2 中另外一类非常明显的错误是语义错误。比如"突"组成了"忽然";"织"读成了"丝",组成了"丝织",混淆了"丝""织",属于字形和意义双重错误。又如,"喊"读成了"嚷","摇"读成了"晃","卧"组成"扑倒","晒"组成"夕阳","柳"读成"扬",组词是"杨树"。这些读音和组词错误类型反映出在儿童头脑中这些字的意义得到了激活,但是他们对字的确切字形记忆不清楚,导致了很多语义错误和字形错误,反映了表意文字的学习特点。

表4.2 儿童读音、组词错误举例之二

使用频率	目标字	儿童L	五名典型发展儿童
高	却	小脚	—
高	般	判断	—
高	即	讲课	西瓜太郎
高	突	忽然	—
高	仍	然	—
高	续	读书	—
高	织	丝织	—
高	喊	嚷	—
高	摇	晃	—
高	钱	有线	—
高	纸	直奔	—

续表

使用频率	目标字	儿童L	五名典型发展儿童
低	彬	林	—
低	佥	危险	—
低	盈	蒙骗	—
低	谦	—	道歉
低	悦	阅览	—
低	竖	坚固	坚持
低	幻	幼儿	—
低	眺	跳高	挑剔
低	赴	到处	—
低	卧	扑倒	—
低	摘	商场	—
低	割	危险	—
低	挠	缠绕	浇水
低	拴	拳头	—
低	拆	—	打折
低	晒	夕阳	—
低	欧	—	海鸥
低	颈	静脉	—
低	缸	钢铁	—
低	诞	挺身	—
低	萄	萄葡	萄葡
低	柳	杨树	—
低	禽	留心	离开
低	辰	奸臣	—

注：— 表示组词正确。

如上所述，阅读障碍儿童认读汉字时经常混淆双字词中的两个单字。比如，"季节"，分不清哪个是"季"，哪个是"节"。看到"季节"这个词，可能会读成"节气"；看到"睛"，却读成"眼"。这提示我们不能一味地将单字放在一个整词中学习汉字。

细致分析汉字字形结构特点，看看字形构成和字的读音、意义有什么关系，可以帮助儿童更好地理解字形与汉字意义、读音之间的关系，从而精确地掌握字形，提高汉字学习效率和记忆持久性。

对于形旁一样、意思相近或者有关联的字，可以通过声旁来区分。比如，儿童把"柳"认成了"杨"，这两个字都有木字旁，表示和植物有关，"柳"是"卯"声，而"杨"是"昜"声，由于汉字在演变过程中读音有了变化，声旁已经不能提示字的读音，我们可以根据和这个字有共同声旁的字（人们称之为家族邻近字）的读音获取这个字的读音线索。由于"杨"的家族字中有一个"场"字，读音和"杨"押韵，可以推测"杨"的大致读音。

对于声旁相同的形声字，我们可以通过形旁区分字的意思。比如"挠"，儿童认成了"缠绕"的"绕"。"挠"是提手旁，其本义为"扰乱"；"绕"是用绞丝旁表示其本义

"缠绕"。

对于小学低年级的儿童，可以通过学习一些高频的象形字（其中大多数是独体字）和指事字的来源与演变过程，理解汉字的字形及其和字的意义之间的关系。其中有些独体字会成为将来学习的合体字的组成部分，因此，低年级学习的独体字不仅构成了基本的识字量，还为未来的汉字学习奠定基础。对于高年级的儿童，伴随着汉字识字量的增大，他们会逐渐注意到一些固定的书写模式在不同的汉字中反复使用，精细地把握这些书写模式的写法对于建立汉字形、音、义之间的联系以及提升认字、写字的效率非常重要。比如，"走"是一个单独的汉字，它也会作为部件出现在不同的字中，如"徒""陡""赴"。

还有的书写模式本身在现代汉语中读音不常用，但是作为构成其他汉字的书写模式反复出现，如"夆"，但它作为部件可以组成很多字，"峰、缝、锋、逢、蜂、烽、埲、浲、峯、桻、熢、荟、漨"，通过学习这个声旁的字形，一下子可以掌握所有这些字的读音和书写。

一目十行：提升阅读流畅性

如前所述，阅读障碍儿童认字少，即便是认识的字，阅读的速度也很慢。人类的视觉通路经由丘脑外侧膝状体形成大细胞通路和小细胞通路。外侧膝状体有六层细胞，其中两层是大细胞，四层是小细胞。研究显示，大细胞通路主要处理快速、低空间频率的信息。小细胞通路主要处理形状、颜色等信息。阅读主要经由大细胞通路实现。有研究报告，阅读障碍者的大细胞通路从视网膜到大脑的视觉皮层输送脉冲的速度比较慢，大约是 50 毫秒，这个时间是正常传输时间的两倍。所以，阅读障碍者的阅读速度慢有一定的生理原因。另外，阅读障碍者认字少，单个字识别速度慢，会占据认知资源，使阅读过程中的字词自动化识别程度大大降低，从而影响阅读理解的速度。

本节我们主要介绍提升阅读流畅性的几种策略和如何自我监督进行阅读流畅性练习。需要说明的是，这里介绍的内容主要目的是提升阅读速度，要想又快又好地阅读，还需要根据前面介绍的方法熟练认读汉字，扩大词汇量，并结合下文有关精读和阅读理解策略的介绍进行练习。

利用高频字，加强单字识别自动化

在英语中把常用的熟悉词（也叫高频词，指在日常生活语料中经常看见的词）称为"sight words"（视觉词）。顾名思义，一看见这些词就知道读音和意思，是非常熟悉的。这些词奠定了早期阅读的基础。

对于表意文字的中文的学习也需要以这种高频字作为起点，尤其是汉字起源于象形字，其他字类都是在象形字基础上增加笔画或者组合形成的。根据前面的介绍，小学阶段大概学习将近 200 个象形字，再加上近 50 个使用频率比较高的指事字和部分使用频率较高的会意字和形声字，可以整理出 800 字的"视觉字"的字库。最初可以选用最高频的 100 个字作为字料，进行下面的"叮咚游戏"。反复练习熟练之后，再进行另外 100 个字的练习。最后都达到"视觉字"的熟练程度之后，可以打乱顺序，从这 800 个字的字库中，随便抽出 30 或者 50 个字，进行随机认读。提升阅读速度，增强阅读理解水平，对字的识认需要达到高度自动化程度。

叮咚游戏

把字打印在 A4 纸上，字与字间隔 4 厘米，大号字体

（以看起来舒服为标准）。用虚线画成的格子把字分开，目的是增加字与字之间的视觉区分度，又不会吸引太多注意。把 A4 纸贴在墙上或者白板上，用铅笔或者教杆逐一指字，让孩子快速读出。读对的时候给予"叮"的一声强化，表示读对了；读错的时候给予"咚"的一声提示，表示读错了。这样快速给予反馈的方法是为了令儿童认读的速度不被干扰，又能够学会字的读音。具体进行这个游戏的时候，可以采用多种形式，比如，当儿童大部分字都认识了，就可以不用强化读对的字，只在读错的时候给予"咚"的提示。"叮咚游戏"也可以做成电脑游戏，通过计算机程序随机组合形成认读表，由电脑自动给予反馈。

叮咚游戏示例

表 4.3　视觉字字表举例

一	三	叉	弓	升
丁	上	口	才	午
七	下	土	门	今
乃	刀	士	入	介
九	丫	夕	马	及
了	丸	刁	不	友
二	久	大	也	公
人	山	女	中	允

为了提高儿童认读的速度、提升儿童参与游戏的乐趣，可以利用图 4.5 所示格式记录认读的时间，把每次阅读的时间连接成线，绘制出认读进步曲线，让儿童看到自己的进步，可以进一步激发练习兴趣。同时，为了巩固认知的稳定性和灵活性，可以采用不同的识字顺序，比如，从前往后，从后往前，横着读或者竖着读。

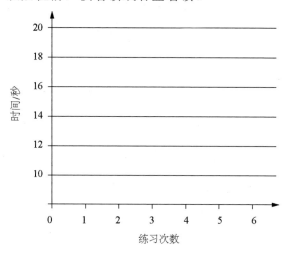

图 4.5　视觉字快速认读时间记录图示例

汉字结网

对汉字进行组词，组成汉字意义网络，有利于增强儿童汉字使用的灵活性和对汉字意义的把握。下面以"土"为例，示意如何进行汉字结网。

箭头方向代表词语念读顺序。

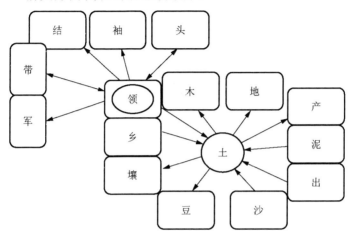

图 4.6　汉字结网示意图

组块阅读，提高阅读速度

提高阅读速度除了单个字识别的自动化，还需要扩大阅读单元。即在提高了单个字的自动化识别能力之后，提高段落、篇章的阅读速度。儿童可以通过组块阅读法，扩大阅读单元。

词组闪卡

把常见词组做成卡片，快速呈现，快速识别，增加儿童对词组意义的快速通达和自动化识别能力。如可以使用如下词组：

依依、年华、搜索枯肠、历历在目、记忆犹新、百看不厌、徜徉、烟波浩渺、走投无路、逃窜、津津有味、气象万千、美不胜收、非凡、风物、沉醉、绚丽、意境、眼花缭乱、心旷神怡、五彩纷呈、油然而生、滚瓜烂熟、依稀、寂寞、凝注、鸦雀无声、镌刻、谆谆、铭刻

第一阶段，可以几个孩子一组，轮流、大声、快速读出卡片上的词。并在记录纸上记下每遍阅读所用的时间。

第二阶段，当大声朗读的时间不再下降之后，在电脑上呈现词组，第一遍以 500 毫秒的速度呈现，让儿童判断是否是刚才读过的词语。如果全部答对，打乱顺序后，再以 300 毫秒的速度闪过，再让儿童判断。这个识别过程不需要逐一读出字音，而是以提高字形自动化通达语音和语义的速度为目的。

组块阅读

把文章划分成几部分（组块），增加每次阅读的注视单元。可以用斜线划分出一个一个的知觉单元，促使儿童以每个斜线之间的组块作为一个阅读单元，给予一次注视。比如，下面这两句话，按照词语组块，可以划分出九个单元，只要有九次注视就可以完成这两句话的阅读。

年华似流水。/ 几十年过去，/ 不少事情 / 已经模糊，/ 有的搜索枯肠 / 而不可得，/ 但有几件事 / 仍历历在目，/ 至今记忆犹新。/

通过标注组块，人为地增大阅读广度，提高阅读流畅性。当儿童已经习惯阅读大的组块，不再画线，就可以用文章训练组块阅读。

百句通

孟祥芝课题组编制了"百句通阅读流畅性练习题"。该练习包括汉语的所有基本语法结构，用简单高频汉字编成句子，每个句子配有4幅图画。读者需根据句子的意思选择合适的图片。由于字和词出现的频率都比较高，读者练习的重点就是快速阅读理解。题目示例如下：

Q5. 王叔叔正在游泳。

1.   2.   3.   4.

Q15. 阳台上的花盆里开着一朵花。

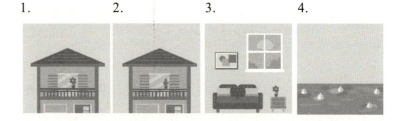

Q84. 小王终于在天黑的时候赶到了朋友们搭帐篷的地方，却发现一个人都没有。"难道他们都去附近找吃的了？"他这么想着，找了附近的一块石头坐了下来。

移动窗口阅读

阅读障碍儿童会来回扫视某个词或者词组，为了强化快速阅读技能，可进行移动窗口阅读训练。具体是这样进行的，阅读材料通过计算机呈现，用明显的标记（如高亮或不同的颜色）着重显示儿童每一次注视点落在的句子组块，以捕捉儿童的注意。儿童的注意力被吸引到阅读区域之后，自然会对注意区域的文字进行形、音、义加工。计算机程序可以根据每名儿童的阅读速度自动控制儿童视线扫视和跳跃的速度。可以从每次注视 400 毫秒开始，在训练过程中随着阅读速度的提高，逐渐缩短每个注视点的呈现时间。比如以下这段文字*，按照儿童的阅读速度依次高亮显示儿童眼跳将要达到的文字，读过之后，当前的文字恢复到原来的颜色，下一个眼跳即将到达的文字高亮显示，通过注意捕捉引导儿童快速阅读。

"好，"法官说，"现在让艾尔弗雷德·戈尔说说他所见到的。把你看到的讲出来吧，艾尔弗雷德。"

移动窗口-高亮显示

"好，"那小男孩说，"我当时很渴，因此要到糖果店去弄点什么喝喝。"

"请就说你看到的，艾尔弗雷德，"法官说，"别管你有多渴。"

另外一种做法是视线/注视点所到之处保持正常的对比度和色彩，已经读过的阅读材料降低对比度或者不显示，

---

* 以下两段引文选自：怀特. 吹小号的天鹅[M]. 任溶溶，译. 上海：上海译文出版社，2004：178—179.

移动窗口-
不显示

儿童就不能来回扫视了。已经读过的区域消失的速度要具体根据每名儿童的阅读速度设置，在训练过程中可以逐步加快消失速度。

"我正在街上一路走，"艾尔弗雷德说下去，"因为当时我非常渴。因此我沿着街道一路走，要到糖果店去弄点什么喝喝，就在那里，在天上，忽然之间有一只大鸟在天上，就在我头顶上，它正这样从天上滑降下来。"艾尔弗雷德张开双臂学鸟飞。

每段读完之后可以设置一些问题让儿童回答。整个文章读完后，完成关于文章内容理解的问题。以此检验儿童快速阅读理解的程度。比如读完上面两段，可以问儿童：

"当时艾尔弗雷德正走在去做什么的路上？"
"他走在路上看见了什么？"
"为什么他老说自己很渴？"

伴读：提升阅读流畅性的有效策略

阅读水平低或者阅读有困难的儿童，通常对自己的阅读能力没有信心，缺乏阅读动机和兴趣，阅读实践更少，限制了认字、阅读流畅性和阅读理解能力的发展。没有信心和兴趣，读得少、读不好，易陷入恶性循环。

伴读（paired reading）是专门针对阅读初学者、阅读发展水平低的儿童、阅读困难儿童的一种辅导策略。辅导者与被辅导者进行一对一伴读，能够增强儿童的阅读兴趣和信心。伴读可以在多种情境下（如学校或家里）进行，辅导者可以是家长、老师，也可以是同龄的高阅读水平儿童或者高年级儿童。许多研究发现，参与每天 10~15 分钟、每周 4~5 天，一共 7 周（持续时间可以更长）的伴读计划的儿童，其词汇认知、阅读流利度和阅读理解能力都比没有参与这个计划的儿童有了显著提高。

英国的一个有 1165 名儿童参与的 Kirless 伴读项目统计结果发现，儿童的阅读准确性提升了 3.7 倍，阅读理解能力提升了 4.8 倍。家长说，他们的孩子有了很大变化，读得更多、理解得更好，也更愿意阅读了。香港学者研究发现，参与亲子伴读项目的儿童的词汇认知能力和阅读流畅性有了显著提升；家长在帮助自己的孩子阅读的方面，也有了更高的自我效能感，亲子关系变得更好（Lam et al., 2013）。

下面对伴读进行简单介绍。伴读是一种结构化的阅读实践活动，主要包括两个部分：共同阅读和独立阅读。具体流程如下——

（1）孩子选择一本和家长一起阅读的书。难度略高于孩子的现有阅读水平。

（2）家长和孩子谈一谈这本书。

（3）家长和孩子一起朗读。

（4）孩子用事先约定好的信号告诉家长他想自己独立朗读。

（5）当孩子出现丢字、读错字、停顿4秒钟的情况时，家长接上来读。孩子重复家长读的正确内容。

（6）回到这个句子的开头，继续一起朗读。

（7）重复（4）（5）（6）步骤。

（8）称赞孩子的努力和阅读热情（当孩子示意自己想独立阅读时，或者孩子尝试读出一个很难的词的时候）。

伴读过程类似伴读者和孩子的合唱，孩子是主唱，伴读者是伴奏、和声。孩子读得流利、准确的时候，让孩子独唱；孩子声音弱下去的时候，伴读者接上来。在亲子伴读过程中，孩子能得到父母的关注；父母也能以简单、直接和愉悦的方法增加孩子的阅读活动量，提升孩子的阅读信心和兴趣。

自我监控，节节提升

为了增加儿童阅读过程的元认知能力，提升其对阅读过程的自我监控，每次完成阅读后，帮助儿童对阅读的流畅程度进行反思和自我评估。流畅性阅读至少包括五个要素：准确、节奏、语气、断句、理解。

准确是指正确认读每个字的读音，了解其意义。如果有不认识的字，先查字典。

节奏是指在阅读过程中保持适宜的速度，不能太快，也不能太慢。节奏要平稳均匀，不能忽快忽慢。

语气是指阅读的语气和语调要与阅读内容的情感相匹配。根据阅读内容调整适当的语气和语调，并且要自然。

断句是指阅读的时候不能一个字一个字地读，要根据内容进行适当的断句，可以是词组，也可以是有意义的词组组合。词组与词组之间连接过渡要自然流畅。

理解是指理解所读的内容的意思和相关细节。

利用表 4.4 反思自己在阅读流畅性五个方面的表现。比如，在读字/词方面，如果都读对了，可以圈出数字 5；如果断句方面有很大提高空间，可以选择数字 1。通过评定，儿童可以看到自己在哪些方面做得比较好，哪些方面需要提高。对于需要提高的地方，进行反复练习。另外，还可以通过比较几次阅读练习之后，在阅读流畅性上的得分，看到自己的进步。

表 4.4 阅读流畅性自我监控五点评分表

项目	差很多		中等		很好
每个字/词都读对了	1	2	3	4	5
节奏平稳，不快也不慢	1	2	3	4	5
语调舒缓，情感自然	1	2	3	4	5
断句合适，断句之间过度自然	1	2	3	4	5
准确了解所读内容的意思和细节	1	2	3	4	5

按图索骥：掌握阅读理解策略

阅读是从书面符号获得意义的过程。研究发现，识字量和词汇知识是阅读的基础。除此之外，儿童具有的一般性知识和专门化知识都会影响其阅读理解的速度和深度，而且这些知识还将在一定程度上弥补儿童识字量不足的缺点。根据维果斯基"最近发展区"教学思想和皮亚杰"建构主义"发展观，在阅读过程中儿童将已有的知识经验和阅读材料建立联系的过程是儿童主动阅读的过程，体现了阅读的主体性。在阅读教学过程中，利用适当的阅读策略，可以有效促进儿童个人背景知识与阅读材料的结合，发展其阅读的主体性作用，进而在阅读中发展其独立思考和明辨式思维（critical thinking）能力。

阅读具有双重目的。第一层是阅读目的，阅读可以扩大识字量、提升阅读能力。第二层是发展目的，通过阅读发展儿童的想象能力、分析能力、逻辑思维能力、发散思维能力、明辨式思维能力以及熏陶情感、塑造人格。

为了更好地促进儿童阅读理解技能的发展，提升明辨式阅读（critical reading）的能力，需要增加儿童自身对阅读过程的参与和反省，即调控能力。总体上，可以从以下几个方面入手，见表 4.5。

表 4.5 阅读理解策略

阅读前	阅读中	阅读后
背景和目的	字词识别和阅读理解	总结和评价
已经知道	字词意义	总结文章大意
想知道	分析文章结构	文章要点和证据
猜猜文章内容	把握人物性格	图画法
作者目的	推理故事结局	问答和评价

下面，我们具体介绍表 4.5 归纳的阅读前、阅读中和阅读后的阅读技巧和策略。

阅读前，激发个人背景知识，了解文章写作目的

让儿童针对阅读的题目和内容，联系自己的生活经验，可以更好地调动儿童阅读的积极性。同时激发儿童的已有知识，在知识经验和阅读材料之间建立联系，一方面可以增强儿童阅读的主动性，另一方面儿童可以利用已有的知识去理解新知识，并且可以完善、扩展新知识。根据皮亚杰的建构主义学说，"客体只有在被主体结构加工改造以后才能被主体所认识。儿童对于客观世界的解释是根据他们已经知道的关于世界的知识"，在阅读过程中需要搭建儿童已有知识经验和新知识之间的桥梁。当代美国教育心理学家、学习理论家奥苏贝尔也提出，儿童要进行有意义的学习，就要利用已有知识经验去同化新知识，并把新知识纳入到已有知识经验之中。根据这些理论，在引入新的阅读材料过程中，可以先行导入和唤起儿童已有的相关经验，为新知识找到同化的固着点。

开始阅读前，可以通过口头分享、图表列举或者写出关键词的方式，让儿童谈谈和将要阅读的题目有关的经验。

比如,即将学习的文章题目是《松鼠》,可以通过以下问题激发儿童的相关经验。

1. 我所知道的和松鼠有关的词汇有:

   _____ _____ _____

2. 我所知道的和松鼠有关的事实:

（1）_____

（2）_____

（3）_____

3. 在我的生活中,和松鼠有关的经历:

（1）_____

（2）_____

4. 我想通过《松鼠》这篇文章了解哪些新东西?

（1）_____

（2）_____

5. 猜猜《松鼠》这篇文章写了什么?

（1）_____

（2）_____

文章作为书面语言,如同口头语言一样,都是交流和沟通的桥梁。因此,任何一篇文章都有其特定的写作目的。

比如，有的文章是为了说服读者，有的文章是为了娱乐，有的文章是为了解释某种现象，还有一些文章则是为了说明某个事件，等等。儿童识别和了解文章目的后，一方面可以了解不同类型文章的写作方法，了解文章的基本结构，有助于文章的深入理解和发展写作技能。另一方面，还可以根据文章的写作目的，对文章进行分析式阅读。比如，一篇文章的写作目的是娱乐，那么作为读者，你觉得文章的内容是否有趣，是否达到了娱乐的目的？如果你觉得它很有趣，为什么你认为它很有趣？如果文章没有达到娱乐的目的，那么你认为如何写才能让读者觉得有趣？又如，请看下面这篇小文章，它的写作目的是什么？

如今，共享单车已经渗透到人们的生活中。站在北京的任何一个街角，放眼望去，都会看到望不到边的共享单车。

共享单车带给城市生活很多惊喜和便利。人们走在街上，可以顺手扫个二维码，骑走一辆舒适、气足的单车，既节约了时间，又锻炼了身体，经济又环保。共享单车通过共享的方式节约了人手一辆自行车的开支，同时促进了单车公司经济的增长。

新奇和便利之余，共享单车也带来了城市生活的另一种苦恼。密密麻麻排列在马路边的单车让本来就不太宽敞的人行道变得更加狭窄，有些零散停放的单车甚至出现在小区和汽车停车场的各个角落。上下班高峰时段，十字路口纵横交错的"单车大军"加上快速穿行的快递摩托车，常常让人猝不及防，在马路上行走变成了辗转腾挪。

因此，我们要重视对共享单车的管理。对于单车的投放地点、数量以及回收方式都要有严格的科学统计和规定，避免造成环境的拥挤、单车的浪费以及单车公司之间的无谓竞争，尽可能地实现共享单车的利益最大化。

很明显，这篇小文章的写作目的是阐述共享单车的利与弊。如果你是生活在这个城市的人，你觉得这篇文章说得有道理吗？或许上面这篇文章的作者只是根据自己的经验和体会，说出了他的想法，你是否同意这些说法？关于这一问题，你是否有不一样的观点和想法需要补充？你觉得作者达到了写这篇文章的目的了吗？针对作者最后提出的重视对共享单车的管理，你有什么具体的想法和建议？想一想，或者实际调查一下，把你的解决方案说出来，画出来也可以。

阅读中，解释字词意思，分析文章的结构，把握人物性格，推理故事结局

在阅读过程中，首先需要通读一遍文章，对于不认识的字和词，要通过查字典、请教他人等方法搞清楚它们的读音、写法和意义。这是阅读理解的第一步。也可以把这些不熟悉的字和词写在生字本上。

从文章结构上看，说明文的结构与记叙文不同。前者主要以介绍为主，会涉及介绍的顺序，也会用到对比等写作手法。比如，下面一段描写松鼠搭窝的说明文就清楚地介绍了松鼠搭窝的顺序。

松鼠喜欢住在高大的老树上，常常把窝搭在树杈儿中间。它们搭窝的时候，先搬来一些小树枝，交错着放在一起，再找一些干苔藓铺在上面，然后把苔藓压紧，踏平。窝搭好了，还在上面加一个盖，把整个窝遮蔽起来，这样就不怕风吹雨打了。它们带着儿女住在里边，又暖和，又安全。

上面这段文字，通过一些关键词"先、再、然后、还"，清楚地描述了松鼠搭窝的顺序和方法，给人以很强的视觉效果。

记叙文的典型结构包括背景、人物、情节、冲突、高潮、解决、结局等主要环节。分析文章的结构，把握各个部分的脉络，能够更好地了解情节的推进和人物性格，有利于读者理解文章内容。比如，在《皇帝的新装》中，作者不断地铺垫皇帝对新衣的渴望和看不到新衣的疑虑以及骗子狡猾的声辩和表演。最后，汇聚成游行大典的高潮——皇帝什么也没穿。通过故事情节的铺垫和发展，读者看到了骗子的贪婪和狡猾，皇帝的虚荣和无知以及众多大臣和游人的愚昧与人云亦云。

　　对文章主要人物性格的把握也是阅读理解的重点。首先需要分清楚文章的主要人物、次要人物。能够说清楚为什么某个人物是主要人物，某个人物是次要人物。

　　那么，如何了解人物的性格特点呢？如同在日常生活中了解其他人一样，我们是通过他人说的话，做的事以及做事的方式来了解别人的。在文章中，儿童也要学会通过人物的语言和行动来归纳、概括人物的性格特点。比如：《哈利·波特》中的赫敏是一个聪明的女孩。请列举支持这个说法的证据：她说了什么？做了什么？她在思考什么？她的言行跟其他同学不一样的地方是什么？

我们来比较一下哈利和罗恩的性格,他俩有哪些共同点,有哪些不同的地方?在下面列出的这几个方面,他们有什么区别?你为什么这么认为?从书里找到支持你这些看法的相关描写。

1. 解决问题　很擅长　特别不擅长　＿＿＿＿＿＿
2. 跟人相处　很擅长　特别不擅长　＿＿＿＿＿＿
3. 胆子很大　是　　　不是　　　　＿＿＿＿＿＿
4. 好奇心强　是　　　不是　　　　＿＿＿＿＿＿
5. 情绪乐观　是　　　不是　　　　＿＿＿＿＿＿

最后,让我们通过下列形容词,分析《哈利·波特》中马尔福的性格特点。你认为下列形容词是否能用来描述马尔福的性格?有哪些语言、行动和实例能证明你的观点?

1. 善良　　　是　不是　不知道　＿＿＿＿＿＿
2. 懒惰　　　是　不是　不知道　＿＿＿＿＿＿
3. 害羞　　　是　不是　不知道　＿＿＿＿＿＿
4. 友好　　　是　不是　不知道　＿＿＿＿＿＿
5. 乐于助人　是　不是　不知道　＿＿＿＿＿＿
6. 努力　　　是　不是　不知道　＿＿＿＿＿＿

7. 勇敢　　　是　不是　不知道　_____

8. 小气　　　是　不是　不知道　_____

9. 邪恶　　　是　不是　不知道　_____

10. 好欺负人 是　不是　不知道　_____

对文章的深入理解还要学会识别哪些内容是事实，哪些是作者的观点和意见。这是培养儿童明辨式阅读和思维能力的起点。事实对于所有人来说都是一样的，比如"我们春游的时候下雨了"，这是实际存在和发生的事情。而每个人对这个事实的看法可能不同：有的人可能认为春游的时候下雨很有意思、很浪漫，诗情画意；有的人可能认为春游下雨不方便，到处湿滑泥泞。儿童在阅读文章的时候，要能够识别事实和作者的意见，对于作者的意见，儿童可能会赞同作者的想法，也可能有不一样的想法。

你来试试，下面的句子，哪些是事实，哪些是意见？如果是意见，你同意吗？如果不同意，你的意见是什么，请写下来或者说出来。

　　　　　　　　　　　　　　　　事实　　意见

1. 桌子上有很多灰尘。　　　　　____　　____

2. 北京冬天的阳光照在身上很舒服。____　　____

3. 房子坐落在山丘上，四周都是树。____　　____

4. 她这个春天长了 10 厘米。　_____　_____

5. 物理课很有趣。　_____　_____

6. 物理课讲了光的折射原理。　_____　_____

请你就下面的题目分别说出或写出一个事实和一个意见：

	事实	意见
1. 体育课	_____	_____
2. 雾霾	_____	_____
3. 朋友	_____	_____
4. 跟妈妈聊天	_____	_____
5. 想起小时候	_____	_____
6. 乘坐地铁上学	_____	_____

阅读后，回顾总结，深化文章理解

阅读完成后，对文章进行总结回顾，可以增强对文章的深入理解，调动儿童的主体性和主动性，促进思维能力的发展。可以使用主要内容法、图画法、问答法以及评价法等对文章进行总结回顾。

主要内容法

主要内容法和我们通常所说的概括文章主题思想类

似。但是概括文章的主题思想通常要超越文章的具体字句，抽象出一般的主题思想。主要内容法除了要概括出文章主要表达了什么，还需要从具体内容上找到文章的主要内容、主要观点以及主要人物。对于主要观点还要找出支持它的具体细节是什么？例如：读完《皇帝的新装》，儿童可能总结道"这个文章说明骗子很狡猾，皇帝很愚蠢"。那么：

请指出文章中的哪些描写能表现出骗子很狡猾？

文章从哪些方面表现了皇帝很愚蠢呢？

如果你当天也在游行大典中，你会怎样？像其他人一样认为皇帝的衣服很漂亮？还是会像那个孩子一样指出皇帝没穿衣服？还是虽然心里觉得皇帝什么都没穿，但是嘴上不说出来？

图画法

图画法是利用想象和画图的方法再现文章内容，把文章内容变成图画，增强文章的可理解性和趣味性，还可以提升儿童的想象力和主动性。例如，课文《鲸》中的描写：

不少人看到过象，都说象是很大的动物。其实还有比象大得多的动物，那就是鲸。目前已知最大的鲸有十六万公斤重,最小的也有两千公斤。我国发现过一头近四万公斤重的鲸,有十七米长,它的一条舌头就有十几头大肥猪那么重。它要是张开嘴,人站在它嘴里,举起手还摸不到它的上腭;四个人围着桌子坐在它的嘴里看书,还显得很宽敞。

上面这段描述文字,如果只看数字,儿童恐怕还不足以了解鲸到底有多大,使用图画法画出来,就可以直观地感受鲸体形的巨大。

下图是一个小学四年级学生读了《鲸》这篇文章之后画的画,通过与猪、大象的对比,以及鲸嘴里坐的四个人,很形象地呈现了鲸到底有多大。这就是视觉化的方法。

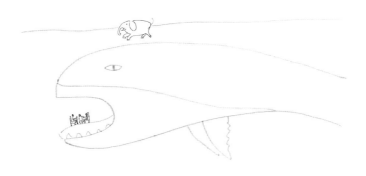

下面这段内容选自上海译文出版社出版的《精灵鼠小弟》,看看它能否激起你头脑中的画面感,读起来是不是很有趣?下面那幅图就是一位小朋友看了这段内容后画的画。

他们把一位警察推得太重,竟把他推过了水泥围堤,推到下面池水里去了。这警察是用坐着的姿势落到水里去的,一直湿到了上衣的第三颗纽扣,他湿透了。

这位警察不仅是个很重的大胖子,而且刚饱饱吃了一顿,那就重上加重,他落水击起的大浪向外翻,使池水高涨和翻腾起来,弄翻了形形色色的小船(小孩的赛艇,本书作者注),使得每一个在池里有小船的人又是欢呼又是惊叫*。

* 插图作者:清华大学附属中学高一(5)班李亚耕,特此致谢。

这段话细致地描写警察是以"坐着的姿势落到水里去的",而且他"不仅是个很重的大胖子,而且刚饱饱吃了一顿,那就重上加重",所以击起的水花特别大,把小船都弄翻了,"使得每一个在池里有小船的人又是欢呼又是惊叫",是不是像真的看见了一样,增加了无限的童真童趣。难怪人们把故事的作者怀特(E. B. White)称为"语言大师"呢!

问答法

问答法是通过对阅读前儿童希望了解的内容以及阅读过程中对文章内容的推测进行回顾和检测,检验儿童对文章的理解程度。比如:

你是否得到了你想了解的关于这个题目的信息?

你是否理解了这篇文章?

文章里有没有你不理解的词?

读文章的过程中你对故事的发展有什么预测?

文章的结局和你的预测一样吗?为什么一样/不一样?

文章的内容和你的实际生活有关系吗?具体表现在哪些方面?

评价法

评价法是让儿童对文章进行评价，表达自己的见解，以此激发儿童的自主性和明辨式思维能力。评价过程不仅可以促进儿童对文章的理解和思考，还可以促进思维能力的发展，并增强写作技能。

这种方法可以采用小组讨论的形式进行，让孩子们各自结合自己的生活经验、知识背景，表达自己对文章的看法或者对于某种说法是否同意以及同意或不同意的程度。例如：

《杀死一只知更鸟》中有一句话"除非你穿上另一个人的鞋子走来走去，否则你永远无法了解这个人"（you never really know a man until you stand in his shoes and walk around in them）。

同学们可以讨论一下，这句话是什么意思？是否真的你穿上另外一个人的鞋子走来走去，你就能了解这个人？

同学们可以试试，换上一个同学的鞋子，走一走，能了解他内心的想法吗？能了解他是一个什么样的人吗？

或许同学们能领悟到这只是一种文学的表达手法，隐含的意思是"除非你变成那个人,否则你永远无法了解他"。

如果同学们能够达到这样的认识,那么,同学们是否认同作者的观点呢?是完全认同吗?还是部分认同?

从内容上,可以结合阅读前提出的问题考虑:

这篇文章是否回答了你对于这个题目的所有问题?
如果没有,你还想知道哪些信息?如何获得这些信息?
你对文章最感兴趣的部分是什么?
书名为什么叫《杀死一只知更鸟》?表达了什么意义?

从写作上,请思考:

作者对这个问题的解释/说明是否足够清楚?为什么?
如果不够清楚,你觉得怎样表达更清楚,需要增加哪些信息?
你觉得题目能否反映文章的主要内容和观点?你有更好的主意吗?
根据你的经验和想法,你将会怎么写这篇文章?写一写、画一画,列个提纲,或者写几句、说几句。

通过上述阅读策略的使用,把儿童的个体经验与阅读材料结合起来，使儿童逐渐成为书面交流的主动者，而不仅仅是被动地吸收和接受文章的信息。从长远上看，这不仅有利于儿童阅读主体性的发展，还有利于其思维能力和写作能力的发展，使儿童成为"阅读的主人"，真正实现"以阅读，促发展"。

游刃有余：实现自由表达

写作不仅是令阅读障碍儿童犯难的环节，对于典型发展儿童也有不同程度的挑战。一方面原因是很多字不会写。另一方面是无话可说，或者不知道从何说起。因此，写作的第一步是打消顾虑和畏难情绪。如同开口说话一样，书面语的根本作用和目的也是交流。不管是为了写作文、交作业，还是为了发表文章，其目的都是为了告诉别人你的想法、体验和情感，或者向别人介绍一些事物。从这个意义上讲，写作也没有那么神秘和困难。我们可以尝试转换思路，不把它看作一项作业，而把它当作表达想法、锻炼思维的过程和工具。可以先从口头表达开始，然后转化成书面语。在转换成书面作文之前，要先对下面列出的这些问题有所计划。

首先，想想这篇文章的写作目的是什么。要知道为什么写这篇文章，写作的目的是什么？写给谁看？明确写作目的和阅读对象将决定你的写作内容和写作方式，就像说话要了解说话对象一样。写作目的包括介绍/说明、娱乐、说服、表达对某件事情的观点或者抒发某种情感。写作目的不同的文章的结构和写作方法可能不同。阅读对象的年龄大概在什么范围？有什么专业背景？可以通过出声思维的方法，把与上面列出的这些问题相关的想法先说出来。为了使这个过程更清晰，并引导后面的构思过程，可以使用关键词或者图式的方法做些记录。

其次，根据文章的写作目的，想想如何实现或者达到这个目的，这是构思的过程。构思过程通常要思考以下问题：

文章的体裁是什么？

包括哪些内容？

主要内容是什么？次要内容是什么？

需不需要细节描写？

这些细节描写对于实现写作目的有帮助吗？

通过上述构思，确立文章的写作重点和表达顺序。这里也可以用关键词和流程图的方法把文章内容、表达顺序

标示出来。比如,我们以写"豚鼠"为例。要去思考以下问题:

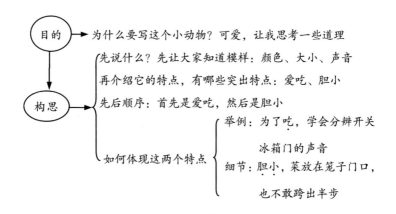

第三,把上述构思的内容写下来。开始的时候不用太讲究如何遣词造句,只要把要表达的意思写清楚就可以。不会的字可以暂时用拼音表示。

经历了从想和说(画)到写的过程,文章已经初具雏形,初稿产生了。

第四,对初稿进行编辑。包括统筹文章的结构,斟酌措辞,强化重点,增减细节。

最后,修改。有人说,好的文章不是写出来的,而是改出来的。检查句子的逻辑和顺序,修改语法错误,订正错别字和标点符号。可以自己修改,也可以读给别人听,请其他人提出修改意见。或者同学间互相修改，可以增加看问题的不同角度和观点。修改的时候要回过头来对照最初的写作目的，检查以下问题：

是否达到了写作目的？

想要表达的内容是否表达清楚了？

如果你是读者的话，你觉得这篇文章写得是否清楚？

重点内容是否突出？

详略是否得当？

有没有更理想的用词和细节描写？

以下展示的是前面构思过的一篇例文，请仔细阅读，看看有没有更好的表达方法，如果你有兴趣，可以尝试修改这篇文章。

胆小如鼠[*]

我养了一只豚鼠，起名为"嗅嗅"，她是逆毛豚鼠，毛带有旋涡一样的旋儿。她的毛有白、棕、黑三种颜色，在

---

[*] 本文作者是北京市北达资源中学初一（1）班的李亚耕同学，在此向作者致谢。

阳光的照耀下，熠熠生辉。白颜色的毛长在头顶和脖子上，剩下的部分被棕色和黑色平均分开。棕色部分长了两个左右对称的旋儿，更让人啧啧称奇的是，她的黑色部分也长了左右对称的两个一模一样的旋儿。她的眼睛大而清亮，像紫宝石一样闪闪发光。可是最令人咂舌的还不是她甜美的外表，而是她惊人的食量和那份小心谨慎。

嗅嗅刚来的时候，只有一个月大。我给她准备了一个笼子，笼子里有一个食盆，里面装满了豚鼠粮。我刚把嗅嗅放进笼子里，她就"啾"的一声奔向食盆，坐到食盆里，大吃大嚼。当把两盆满满的豚鼠粮吃完以后，她看着我们"啾啾"地又叫起来了。我从冰箱里给她拿出一整棵鲜嫩的生菜塞进她的笼子里。没过多久，我听不到她咀嚼生菜的声音，心想，她终于吃饱了。当我打算去把剩下的生菜拿出来等下顿吃的时候，没想到，生菜已经全都不见了。我感叹道：一只小小的豚鼠，竟然有这么大的饭量！

嗅嗅因为对吃的渴望和兴趣学会了区别冰箱门的声音。我们都是从冰箱冷藏室里拿生菜给她吃，开关冰箱冷藏室门的时候发生"咣当、咣当"的声音。后来，每逢我们开冰箱做饭的时候，嗅嗅听到冰箱冷藏室门的"咣当"声，都以为是她的食物要来了，就开始"啾啾"地叫个不停。神奇的是,我们开冰箱冷冻室门的时候,她就不发出"啾啾"的叫食物声,因为冰箱冷冻室门的声音和冷藏室门的声音不一样。

嗅嗅在笼子里从不出来,即便笼门开着,她也不会出来半步。后来,我们干脆就不关笼门,喂东西的时候还方便。有一天,我突发奇想,想试试她更喜欢吃,还是更胆小。我一上午也没给她东西吃,她看见我,或者听见我的脚步声,就拼命地"啾啾"叫,看起来一定饿得不轻。下午,我觉得时候差不多了,就把新鲜的生菜叶子一片一片摆在笼门外边,有几片靠近笼门大概一厘米的距离,另外一些稍微远一点。在这种铁丝笼子里面是完全能看见外面的,况且笼门也没关。她站在笼门里面,"啾啾"地叫,就是不出来,连头都不探出来。如果能探出头来,完全能够吃到一厘米处的生菜。她叫了半天,硬是不出来,后来听不见她的叫声了,我们过去看,发现她干脆蹲在笼子里面的一角,放弃了要食。

嗅嗅可真是胆小,其实她只要往前迈哪怕那么一小步,就可以吃到食物。她的故步自封让她失去了吃食物的机会,是害怕本身束缚了她的手脚,不是现实中的真实危险。

有学者把上述写作过程总结为英语单词"POWER",

即计划（planning）、构思（organization）、写作（writing）、编辑（editing）、修改（revision）。最后，我们通过表 4.6 回顾一下"POWER"中每个环节的核心内容和方法要点。

表 4.6　POWER 写作过程

主要步骤	计划	构思	写作	编辑	修改
核心	目的 读者	重点 结构 顺序 细节	把关键词连起来 把流程图转换成文字	调整结构 强化重点 增减细节 斟酌词句	对照目的 检查错别字 标点符号 句子是否通顺
方法要点	大声思考 卡片	关键词 流程图	流畅地写 别/错字 使用拼音	查字典 出声阅读	读给他人听 自己做读者

　　从计划、构思到写作的过程可以简化为"想-说-画-写-读"，在想和说的环节可以用关键词记下主要的想法，用流程图画出思路结构，然后转化成文字。在此基础上，通过大声读出来，反复进行编辑和修改，最终达到自己满意的效果。

　　写作就像搭积木。文字是一块一块的积木，能搭出什么样的作品，除了认识每一块积木的作用，还需要有想象力。请家长和小朋友们一起积极尝试，利用汉字积木从小的作品开始，逐渐搭建出宏大的作品。

参考文献

陈才俊. 说文解字精粹[M]. 北京：海潮出版社，2014.

迪戈里. 学习失能[M]. 金娣，屠荣生，译. 沈阳：辽海出版社，2000.

孟祥芝. 汉语发展性阅读障碍儿童的汉字表征与加工[D]. 北京：北京师范大学，2000.

倪海曙. 现代汉字形声字字汇[M]. 北京：语文出版社，1982.

唐汉. 发现汉字[M]. 红旗出版社，2015.

王正科，孙乐勇，简洁，等. 英语发展性阅读障碍的训练程序[J]. 心理科学进展，2007, 15(5): 802—809.

《新编说文解字（大全集）》编委会. 新编说文解字（大全集）[M]. 北京：中国华侨出版社，2011.

赵星楠. 从词物联结到形音联结：跨通道学习的追踪研究[D]. 北京：北京大学，2018.

FAWCETT A, NICOLSON R. Dyslexia in children: multidisciplinary perspectives [M]. London: Harvester Wheatsheaf, 1994, 143.

HINSHELWOOD J. Congenital word-blindness [J]. Lancet, 1917, 2: 980.

HULME C. The effects of manual tracing on memory in normal and retarded readers: some implications for multi-sensory teaching [J]. Psychological Research, 1981, 43(2): 179—191.

LAM S, CHOW-YEUNG K, WONG B, et al. Involving parents in paired reading with preschoolers: Results from a randomized controlled trial [J]. Contemporary Educational Psychology, 2013, 38(2): 126—135.

LE FLOCH A, ROPARS G. Left-right asymmetry of the Maxwell spot centroids in adults without and with dyslexia [J]. Proceedings Biological Sciences, 2017, 284(1865): 20171380.

MAY L, GERVAIN J, CARREIRAS M, WERKER J. The specificity of the neural response to speech at birth [J]. Developmental Science, 2017, DOI:

10.1111/desc. 12564.

MENG X, LIN O, WANG F, JIANG Y, SONG Y. Reading performance is enhanced by visual texture discrimination training in Chinese-speaking children with developmental dyslexia [J]. Plos One, 2014, 9(9):e108274.

ORTON S T. "Word-blindness" in school children [J]. Archives of Neurology and Psychiatry, 1925, 14: 582—615.

SHU H, CHEN X, ANDERSON R, WU N, XUAN Y. Properties of school Chinese [J]. Child Development, 2003, 74(1): 27—47.

STEIN J F. The representation of egocentric space in the posterior parietal cortex [J]. Quarterly Journal of Experimental Physiology, 1989, 74(5): 583—606.

TOPPING K. Paired reading: A powerful technique for parent use. The Reading Teacher, 1987, 40: 608—614.

TOPPINGA K J, THURSTONB A, MCGAVOCKC K, CONLIND N. Outcomes and process in reading tutoring [J]. Educational Research, 2012, 54(3): 239—258.

ZHANG M L, XIE W Y, XU Y Z, MENG X. Auditory temporal perceptual learning and transfer in Chinese-speaking children with developmental dyslexia [J]. Research in Developmental Disabilities, 2018, 74: 146—159.